国家“十一五”重点图书

协商民主译丛

丛书主编 俞可平 执行主编 陈家刚

8

美国民主的未来：一个设立公众部门的方案

〔美〕伊森·里布 著

朱昔群 李定文 余艳红 译

中央编译出版社

CCTP Central Compilation & Translation Press

总　序

"协商民主译丛"首批共4本译著在2006年推出后，在国内理论界引起了相当热烈的反响。译丛在初版后很快得以重印，协商民主这一概念已经成为政治学界的热门话题之一，一些研究西方协商民主的专题论著不断面世，相关的学术研讨也广泛展开。尤其值得一提的是，理论界还就协商民主对于中国民主政治发展的意义进行了热烈的争论，出现了针锋相对的两种观点。一种认为，对于中国的民主政治建设而言，选举民主具有压倒一切的重要性，协商民主只能起补充的作用；另一种认为，协商民主对于中国民主政治发展至关重要，中国不应走选举民主的道路，而当走协商民主的道路。正像一句老话所说：真理愈辩愈明。无论对于我国的政治学研究，还是对于现实的政治发展，这样的讨论与争论，都是十分有益的。

"协商民主译丛"，是一套严肃的学术著作丛书。与一般的学术译丛的一个明显不同是，这套丛书的基本读者不仅包括学者，也包括广大干部。从出版社方面获悉，一些党政机关直接向出版社方面订购"译丛"。这表明，协商民主理论不仅为学者所关注，也为政府官员所关注。之所以能够引起学者和官员的热烈关注，我所想到的原因主要有以下几个。

首先，协商民主的重要性。协商民主一直以来都受到政治思想家的高度重视，协商民主也一直是民主实践的重要内容。对话、磋商、讨论、听证、交流、沟通、商议、辩论、争论等协商民主的各种形式，其实都是公民参与政治生活的重要渠道，是决策民主化和科学化不可或缺的环节。公民参与是民主政治的实质性内容，没有公民参与的民主，至多也是一种少数人的民主。社会主义民主应当是一种最广大多数人的民主，公民的参与就显得更加重要。

其次，我们的政治传统。现实政治的发展，不能离开一个国家的政治文化传统，民主政治建设也不例外。例如，在官员的选拔方面，我国传统政治有各种各样的察举、科举、荐举等制度，但没有选举制度。这也是为什么在我国推进选举民主尤其困难的重要原因。而政治协商却不然。在政府的政策制定方面，商议、讨论、对话的传统却由来已久。虽然决策过程中的协商和对话主要发生在官员之间，但在传统中国，开明官员“问计于民”的故事也时有所闻。

再次，现实政治的需要。建设一个富强、民主、文明、和谐的社会主义现代化强国，是我们的根本目标。更高地举起人民民主的旗帜，更加积极地推进民主政治建设，是我国政治发展的紧迫任务。政治协商制度，是我国的一种基本政治制度，也是一种极具中国特色的民主协商制度。我国现有的政治制度，为协商民主的发展提供了丰富的制度资源。如何最大限度地发挥这些制度资源在推进协商民主中的作用，自然应当受到理论界和党政部门的高度重视。

最后，目前的理论环境。近些年来，民主问题再度成为官员和学者关注的热点。如何在经济迅速发展的前提下努力推进中国民主政治的协调发展，如何建设高度发达的社会主义政治文明，什么是中国特色的民主政治道路，应当怎样借鉴西方政治文明的优秀成果，民主与民生是一种什么样的关系，怎样让民主造福于全体中国人民等一系列问题，正在引起所有对国家和民族的前途负有责任感的官员和学者的深入思考和认真探索。围绕协商民主所展开的讨论与争论，也是这种思考和探索的具体表现。

在出版“协商民主译丛”首批著作的“序言”中，我不仅简要地分析了协商民主在当代西方发达国家兴起的原因，而且特别强调指出，协商民主是建立在发达的代议民主和多数民主之上的，它是对西方的代议民主（或选举民主）、多数民主和远程民主的一种完善和超越。离开这样一个前提，去看待协商民主，就可能会偏离历史的真实。换言之，协商民主不是一种孤立的理论或实践，它深深植根于当代西方发达资本主义国家的政治现实。对此我们应当有清醒的认识。然而，在理论界目前对协商民主的讨论中，我还是不无遗憾地看到了一种对协商民主与选举民主的简单割裂：认为选举民主无足轻重，协商民主才是民主的实质。

我曾经在许多场合重复指出，选举民主与协商民主是民主政治的两个基本环节，它们是一种互补的关系，而不是一种互斥的关系。民主既是一种政治制度，也是一种政治过程。真正的民主，应当体现在政治制度的各个方面和政治过程的各个环节。从理论上说，可以从不同的角度对民主进行分类，比如直接民主和间接民主，选举民主和协商民主，还有像我们通常所说的“四个民主”，即民主选举、民主管理、民主监督、民主决策。事实上，不管对民主怎么分类，如果从环节上看，两个环节最重要，这两个环节彼此不能缺失。第一个环节是民主选举。民主就是人民的统治，可人民对国家的统治一般都不是直接的，而是间接的。间接统治就离不开选举。人类到现在还没有找到另外一个更好的办法，来代替选举的形式，把最能代表人民利益并真正对人民负责的官员推选出来。第二个环节就是决策，这里面包含了协商民主。当一个官员被选举出来后，一定要有一套制度来制约他的权力，让他在决策的过程中能够更多地听取人民群众、利益相关者及有关专家的意见。可见，选举民主与协商民主处于政治过程的不同环节，它们既不能相互取代，也不是相互排斥。

现在，“协商民主译丛”的第二批译著也即将问世，它们分别是：《协商民主：挑战与反思》、《民主与差异》、《协商民主论争》和《美国民主的未来》。加上第一批的4本，“协商民主译丛”总共已有8本译著。这套译丛大体上包括了西方关于协商民主理论的代表人物及其主要观点，国内读者可以借这些译著对西方协商民主的渊源、论题、概念、意义、内涵、形式、争论和实践等，有一个基本的了解。我们当然希望，这套译丛对于推动我国的民主理论研究和探索中国特色的社会主义民主政治道路，也能有所益处。

俞可平

2009年2月15日于方圆阁

目　录 >>>>

中文版序言

在拙作《美国民主的未来》一书中，我试图为美国提供一种可以付诸实践的协商民主理论，并期待与诸位分享其中的一些有关协商民主的理念以及选择；希望这能有助于揭示如何才能使中国的民主化朝着建立一种强制性大众协商制度（mandatory popular deliberative institutions）的方向前进。

那么，我的协商民主观是什么呢？它适合中国吗？请允许我在此概括一下这种协商民主的观念。

首先，它强调人民主权是其价值追求所欲达到的理念。作为一种期望，人民主权通常认为，每个公民在一些现实的具体的方式上应该是他/她自己法律的创制者。第二，我认为，但最重要的是，公民自身必须积极参与到政治意志的形成过程中，从而使政府行使的强制权得到合法化。但是，为能达到代表所有公民的充分代表性，大众协商制度中的参与必须是强制性的。第三，我的民主观提倡将公民、选举的代表、利益集团的领导以及法官吸纳进去，因为我认为，公民直接地参与法律制定能够克服一些立法上的缺陷。第四，我认为面对面的、互动式的协商应该优先于远程民主（tele-democracy）；最后，我的协商民主观并不具有共识导向，也并不希冀从政治问题中寻求“真实”或者“正确”的答案。相反，它注重辩论、讨论和对话，并努力在通过投票（当然，这是非协商的）来形成偏好聚合之前促成一场完全的、公正的就问题而开展的讨论，它拒绝对任何来自大众的观点进行限制与审查，因为它认为任何观点都应该畅通无阻地传递。

我的书以其灵活性、实用性、论争性和现实性的协商民主观为美国共和制的制度再设提供了一种可能性。我提出了在政府中发展一个第四部门即公众部门。大众机构指的是通过一个社会中随机分层挑选出来的公民组成的陪审团聚集在一起，就某项特殊的政治事件进行协商，从而有效制定或者废除法律的一个部门。当然机构里面的公民也有服务的义务；他们的参与权有时也是带有强制性的。

假如中国的制度设计者希冀在任一政府层面上采纳“大众机构”，那么以下这些设计理念的证明将尤为切题。

1. 宪法。美国宪法为美国人在政府设计方面的所有努力提供了一个框架。它是促成我的设计建议的一部独特文献；我的设计建议直接指向法院解释宪法的各种努力以及保障共和政府的各种承诺。例如，美国有一套完整的司法系统，寻求宪法效果以加深民族传统之类的根基，尽管现在还不存在一种完整的方法以确定这些传统的自然本质。通过随机抽样挑选而形成的大众协商可能正好可以填补这样一种缺口，即它能培育那些非选举的、免责的法官为民众服务的方式。

这对中国有何意义呢？这意味着中国可以考虑协商和民主过程中的一些积极因素，比如工作单位（work-unit），因为已经成形，并且似乎在激发许多公民的政治效能感方面起到了实质作用。

还有另外一种民主论坛能使民主变得更具协商性，或者说为中国协商机构提供一种源泉，那就是居委会。尽管它们已经在政府的掌控之下，但只要它们还跟福利与草根活动相联系，它们仍是协商发展的一种潜在源泉。

我并没打算忽视最明显的能够很容易地将它自身转变成一种大众协商制度的讨论：村民选举。公民在选举期间能够被动员起来专注于更加正式与规范的政策辩论。很显然，选举在一些地方已经或正在变得更具协商性；如此的初步成效是令人振奋并值得继续研究的。但是，一个国家仅仅在小规模层面上进行了一些只有很少人参与的、非实质性的协商试验是不能称为协商民主的。

最后，正如我在文中强调的对美国以及几个州的现行的文本宪法的修正而提出建议一样，中国的学者可以回顾一下他们的宪法文本（或者较小一级的政府规章），以找寻某种方式使他们提倡的改革付诸实施。

2. 权力分立。我的设计建议的最重要的细节之一是，多数派总是受制于其他责任机构，例如立法、行政和司法部门。因为所有分立和平衡制度必须因国而异，中国必须考虑一些独特的路径去控制这种多数人暴政，必须发展其他代议制度，使之同其他大众协商制度相并存。制度设计者必须致力于探讨协商机构和非协商机构应当如何互动的框架。

3. 政治文化。如果中国目前的政治文化还不适于大众协商制度，那么制度设计者可以先确立政治文化改革的目标，着重探索为协商民主进一步发展打基础的道路。此外，正如有学者所指出的，中国人积极参与代表他们的官员的潜在奖金或薪水标准的制定，是基于公民对官员绩效的评判；这是一种直接的、分享式的民主类型。

4. 陪审团制度。在美国，有一套强制制度“迫使”公民参与协商程序。托克维尔曾将美国民主的许多特征归因于陪审团的经验。中国的人民陪审员制度，或者说陪审团改革将是影响公民教育和情感教育、促成协商民主的有用的第一步。就我们所知，中国的陪审团制度并没有吸纳许多外行的公民，当然也没有强迫人民来进行审慎的决策。

5. 公民社会。非政府机构在我的设计建议里扮演着重要角色，因为它们负责一些信息的过滤以及组建委员会以便赞成或反对任何特殊建议等工作。在中国，国家与社会的分离被视为民主事务的更迫切任务。另外，中国的几十万个公民社团在一定程度上反映了公民社会的繁荣局面；它们应能被动员起来支持协商制度。例如，依靠公民社团能强化和支持政策争论的每一方。只要中央政府采取客观的态度来听取公民协商结果，公民社团在行政性大众协商制度中就能发挥重要的作用。

6. 民意。美国领导人倾向于“依靠民意测验统治”（rule by opinion poll）。当然，这要求比较可信而明智的民意测验。在像中国这样的社会，“依靠民意测验统治”的意义更为明显。在这里，民意测验可能是听取公民呼声的重要途径，而调查反馈又众所周知地缺乏可信度，因此重新设计舆论形成机制比重新设计意志形成机制更为紧迫。

7. 协商过程的精英管理。我的许多设计理念旨在使协商过程中出现的精英管理带来的扭曲最小化。中国在处理人民协商事务设计时，肯定会遇到比美国更严峻的困难。一旦精英控制了议程，他们也就控制了决策过程的结果。因此，制度设计者必须想办法使其他人而不是精英参与议程的设定。

8. 达成共识。我和菲什金都反对把协商作为达成共识机会的协商民主理论。达成共识的压力显然会对倾听弱势群体声音所作的真正努力产生非常负面的影响。虽然共识从来就不是我的协商民主观的组成部分，但这些避免达成共识的理由至少在中国是很紧迫的。对共识强调太多则会使人们进入一条死胡同。一场健康的富有争议性的对话无需被引入混沌，相反，它能使政治变得更为可以信赖、更加稳定。

作为一项民主工程，期望建立一种让普通公众参与其核心决策的混合政体（即通过政府、精英以及普通公众共同协商来作决定）的努力是很值得考虑的。这种三方机制的观念强调了如何将公众需求纳入国家政策并因此可以阻碍贵族制以及介于国家与不同利益集团之间的双重联盟体制的建立。就此而言，重要的是探讨一下如何通过社会运动和制度创新的互动来建立一种民主机制。也就是说，我们要研究的是普通公民如何通过社会运动和公共讨论的方式，来促进全社会不同阶层就有关政策问题展开对话的可能性。

我曾经在自己的著作里建议，即使中国能找到使大众协商制度产生实际效果的某些方式，即使大众协商制度在国家层面上能被采用，首先在地方社团层面上试验它，对于一个转型的政治体制保持一种理想来说也是绝对重要的；只有这样，民主协商的理念才能成为现实。虽然我曾非常谨慎地不去坚持我的设计能够被完全整合进中国的治理体制，我还是尝试着去论证我的理念在中国是值得仔细思考的，因为这样可以继续在这个拥有独特的政治、文化和社会需要的独特环境中考虑如何去设计大众协商制度。我还想说的是，中央编译局比较政治与经济研究中心为介绍协商民主理论作出的努力，确实赢得了我的敬意。我想在这里感谢陈家刚博士组织的翻译工作，也感谢朱昔群博士主持了我这本书的翻译。相信他们的辛苦会在未来的研究和实践中得到切实的回报。

伊森·里布

2008 年 11 月于美国加利福尼亚大学黑斯廷法学院

导　论

当代政治理论领域有许多讨论。而在人们讨论最多的话题之中，“讨论”本身也名列其中：有关协商民主的各种理论争论正日益占据整个政治理论领域。已经出版的数以百计的著作，通过各式各样的理论对协商民主加以讨论、界定，每种理论都试图从新的视角研究协商民主。尽管如此，协商民主的核心原则还是可以概括如下：“民主的协商概念最核心的观点是，必须通过协商的程序进行集体决策——由公民提出各种建议，在考虑到其他自由平等公民能够合理认可其建议的基础上，为其建议进行辩护”（Cohen and Sabel，1997，327）。

不过，为协商民主的原因及其决策程序提供合理化的解释，开始只是一项理论事业，现在却吸引了制度设计者们的注意。通常在协商有利于合法性这个坚实的理论观点指导下，那些欣赏民主决策过程中协商价值的民主主义者，呼吁在专家统治的工具中，注入协商民主的活力因子。自从于根·哈贝马斯（Jürgen Habermas，1996）提出国民的沟通权力是国家权力合法性的唯一来源的观点后，沟通和协商就成了民主主义者关注的焦点，他们乐此不疲地寻找能够更好地反映人民心声的途径，以便为统治者了解被统治者的意愿和想法提供渠道。与之相关，本书研究和探讨了一种制度构想。虽然书中理论思考的篇幅多于政治实践的探讨，但一开始就提出了一项改革建议，讨论我们怎样才能更好地建构我们的政治制度，以实现协商民主的理想。不过，在进一步讨论之前，让我们先退后一步。

协商针对的问题是什么?

尽管协商是许多理论家和实践者开具的药方，但目前政治体制的病症有时却很难琢磨。如果我们对病症和病因都不了解，那么药方及其副作用和病理学原理就是次要的东西了。幸运的是，对协商民主派人士来说，问题是很明显的：我们目前拥有的民主的协商性还不够。当然，我们有必要作出更详细的说明。

如果以人民主权的理想模式为标准，人们就很容易发现我们的共和民主存在许多基本问题。一般来说，这些基本问题是：投票者要在作出那些一大堆政策承诺、但彼此难以区分的政治候选人之间进行选择；根据美国宪法第一条第七款对联邦立法过程的规定，大多数法案在通过之前没有效力；委员会体制易被操纵；分权经常使立法变得无力；立法者常常并非基于完全合法的原因［政治分赃、寻租、互投赞成票等等］颁布有关政策。选民通过创制和复决程序，即使掌握了投票决定权，也经常受到大众传媒所提供的错误信息的影响，表现出无知或自利（理性的或非理性的）；投票人数不足加剧了对选举结果的怀疑（特别是当弱势群体没有被代表和计算的时候）。不幸的是，许多民主理论家乐意接受共和民主的上述过失，因为他们认为我们的民主无论怎样都相当不错。实际上，甚至是那些了解民主弊病的选民也会接受上述过失，而这仅仅是因为他们不值得为更深入地卷入民主过程和获得更多的信息付出努力。当然，也可能是因为他们不相信自己的行为能产生积极效果。当我们的民主固有的局限是如此众多和明显的时候，我们现在依然不清楚的是，如何对我们的民主始终保持乐观的态度。参与式民主派人士——那些推崇更高水平政治参与的人——竭力为他们的政治偏好辩护，他们认为扩大参与能够革除一些与大众民主有关的弊端：公民能够共享有关信息和理念，把地方性知识带到谈判桌旁，建立诸如更高水平的平等和政治机会之类的东西。但是，记住这一点非常重要：那些参与式民主派人士不是把权力不平等作为首要问题来对待，而是把目标定在改革助长这种权力不平等的程序弊端上。

毫无疑问，一旦那些参与式民主派人士以一种新的视角来观察美国民主，就会发现他们所进行的结构性变革的努力依然很难解决如前所述的种种问题。我们所知道的财政改革运动，可以说是近年来直接针对民主体制改革最显著的例子。许多真知灼见都阐明了这样一个基本的道理：如果把金钱的影响驱逐出政治领域，那么我们的政治就会更少受到富人的操纵，就会更具合法性。金钱对政治的扭曲作用会让民主成为笑柄。大众变成了金钱操纵者的傀儡，自己所做的决定仅仅是为资本家服务的橡皮图章而已。这些资本家巧舌如簧，竭力使大众相信普通大众的命运与经济的力量紧密相连，而经济的力量又与资本家所具有的力量相辅相成。

另外一个解决前述共和民主基本问题的常见药方是建立咨询型体制。在咨询型体制中，政策制定者和行政官僚将通过与全体选民磋商的形式，不断修正他们起草的政策以满足选民的需要。让政策规划者经常津津乐道的是：行政官员与普通民众在融洽的气氛中进行直接沟通，并听取他们的想法，随后可能相应地修改有关政策。但是，那些参与磋商的民众往往是政策制定者和行政官僚挑选出来重复自己声音的人，他们的想法几乎不可能真正得到考虑。

甚至也有人主张彻底变革（总体来说是）以两党多数选举体制为主导的决策程序。无论是建议采取比例代表制、累积投票制，还是建议采取多党制，都主张通过改变我们业已熟悉的政治生活，使美国的民主变得更加强大。

还有一个解决大众民主弊病的药方，是就一个更小的范围来说的，即要求建立更加具有地方性、更加负责任的政府。地方政府（local government）的支持者们担心公民对决策过程的输入不够，因而无法掌握他们的利益究竟是如何被代表的。他们假定，如果地方共同体能够坚持遵照自身的价值进行治理，那么公众的各种诉求就会得到更多的考虑。

这些对政府进行共和取向改革的每一项建议（当然共和形式的政府受到美国宪法第四条的保护）对大众民主存在的基本问题都有自己的诊断。这些诊断需要我们——约·埃尔斯特（Jon Elster，1998，10）对此有过恰当的表述——对有关争论进一步进行争论，以便阐明为什么协商相当适合担当改善大众民主所面临的困境的重任。这一困境可以概括为大众民主遭遇了合法性的缺失：公民远离决策过程，导致以他们名义制定的决策并不能充分反映他们的意愿。如果这的确是一个问题，那么，协商民主就是一个切实可行的解决办法，它主张在我们现有民主的基本框架下考虑制度的重构。

让我们逐步展开对协商民主的讨论

本书第一章是“制度设计”。它建议通过随机挑选的公民陪审团组建政府第四部门（a fourth branch of government）来制定法律，彻底取代目前的创制和复决体制。[①] 我的假设非常清楚：政治自治的程度由人民认为他们是自己的立法者的程度来衡量。由普通公民参与的协商有益于宏扬自主性的共和计划。我也理所当然地认为面对面的民主具有远程民主无法提供的优势。我可能是一个卢德主义者（Luddite）[②]，但我确信，在存在数字鸿沟及无法达到面对面那么直观地进行情感交流的情况下，网络虚拟空间目前尚不能成为民主的场所。

我认为分权与制衡的体制仍然不够制衡，代议制政府并不适合担当人民主权的重任。人民需要他们自己的声音，而复决在反映人民心声方面业已失败。人民需要不受金钱、专家或赤裸裸的权力扭曲的专门表达他们声音的第四部门——既不是媒体也不是行政代理机构。协商的价值就在于它回应了对民主的各种扭曲。无论是立法部门还是司法部门的协商都不足以作为协商民主的载体。所以，我们需要有一个协商的权力部门——我把它称为公众部门——来承担这项工作。第一章探讨了上述观点，同时简要地探讨了如何使公众部门运转起来。

① 所谓第四部门是相对于立法、司法和行政部门而言的。——译者注

② 反对工业发展和新技术的人。——译者注

以下是有关它的一些运作情况：有一个委员会对它的管理负责，这个委员会由来自不同政党和无党派的代表组成。立法机构、司法机构和民众自身可以通过多种渠道，力争把某个问题提上公众议事日程。尽管这种设计针对的是国家层面的政治系统，但它同样适用于州和市的政治系统。

还存在挑选规模适当的代表团进行协商这一强制性服务的要求；由于公众部门的每次协商大会只能容纳 525 人，所以有必要确保与会人员不存在自愿性回应的问题。我提出了一项决策程序（要求是绝对多数）和一个实施阶段，把公众部门的各种行为都纳入到分权体制中。这些详细的设计有助于确保公众部门做出的决策能够真实反映公众意志（public will），而不仅仅是公共舆论。

第一章还提供了有关制度设计的更多详情，解释了参与者是如何挑选的（随机分层抽样）；怎样确保公民具有协商的能力（实习性的工作）；怎样缓和协商环境的恶化（通过教育和调解的努力，解决制度设计存在的问题）；怎样规定人们言论的基本原则（不限制言论自由）；我们能够把谁请进会议室（room），以保证参与协商的人能够充分地掌握各种信息并文明地进行交流［联邦法官或来自妇女选民联盟（the League of Women Voters）的自愿者］；谁是利益相关者（几乎每个人都是）。这里的许多细节都是詹姆斯·菲什金的著作《协商民意调查》（*Deliberative Polling*）的精心设计，我则把公众部门与《协商民意调查》之间的联系阐述得更加明晰（同时也探讨了我的不同之处）。

第二章研究协商民主的理论模型，这个理论模型支撑着我的建议。它假设协商民主可以弥补当前共和民主的某种合法性缺失。它认为与尊重人民主权相关联的合法性问题相比，与权力不平等相关联的其他问题更为基本；这一理论模型对程序的兴趣比对保障基本权利的兴趣更为浓厚。这一章把防止多数人暴政的问题留给了其他权力分支[①]，而把焦点集中于召集掌握足够信息和具有相当代表性的多数，使他们的利益诉求得到优先考虑。

然而，公众部门的制度化取决于如何使三权分立体制在这个可能的政治体系中发挥作用。第三章和第四章将重点讨论这个问题。参与式民主人士对公众部门的制度化关注甚少，而他们一旦把公众部门制度化，往往又机械地取代了其他权力机构的许多功能，最后导致整个体制运行不畅。他们要么按照自己理解的协商民主去实践，要么提出一些不切实际的改革方案。协商大会并不是万能的，但它也不是仅仅存在于公民社会却对国家毫无影响力的摆设：它们既要被制度化为国家运行机制的一部分，又要能够反映公众意志。第三章和第四章准备探讨制度设计中最难的一个问题：怎样使公众部门嵌入到目前代议的总统体制中并与之相协调？这里提出的改革建议并不意味着对所有的政府机构进行革命性的变革和替代，但是，它意味着为革命政治[②]提供一个论坛，在这里更高水平的立法成为可能（虽然大多数时候政治体系只要实行普通的政治就能获得民众的认可）。

第三章一开始我探讨了阿伦特对杰斐逊式议会体制的异议，以及我所提建议与阿伦特观点的相似之处。探讨了我的建议对两党体制有何作用。我把公众部门制度化失败的一个重要原因[③]归结为对嵌入和

---

① 即立法权、司法权和行政权。——译者注

② 相对于常态性政治来说。——译者注

③ 请注意，有许多其他原因导致了协商民主制度化的失败。Archon Fung 认为“红色恐怖”（the Red Scare）是最显著的原因。我将在第三章提供一些不那么明显的原因。

三权分立的关注不够。我的这一思路和进步论者颇为相似。通过指出协商大会制度化的失败，很容易引出它们的不相关性，这样就为第四章埋下了伏笔。

第四章讨论了实际的整合实践。我通过在公众部门体制下提出的两个政策建议，展示了公众部门的实际运行情况。我还讨论了传统三权分立中每个权力机构与公众部门的关系和它们对公众部门的权威影响——以及立法机构、行政机构和司法机构如何能够使公众部门运作起来。最后，在讨论完立法权、行政权和司法权之后，我把话题转到公众部门工作的司法审查问题。讨论至此，我又重新回到了政党体制及其潜在的整合公众部门活动的问题上。

第五章和第六章旨在回应前四章必将引起的质疑。质疑者会提出诸如此类的问题：为什么我要求在协商会议上三分之二的“绝对多数”才能通过法律？为什么不是百分之五十？难道公民陪审团（juries）如此值得信赖以至于在立法过程中对他们如此依赖？公民陪审团之类机构的作用到底是什么？难道不存在与菲什金（Fishkin）的观点相左的经验性案例，表明事实上协商实践的无能和无效吗？从某种意义上说，难道这些协商会议不是强迫人们自由吗？使用强制难道不是对自由共和制度的冒犯吗？难道协商会议的参与人员就不会像小型决策集团一样腐败吗？难道公民不应该有权了解所有的协商会议的进展情况，并且理解公民陪审团成员是怎样做出决定的吗？难道“公开的理念”不要求程序透明吗？难道大量的保密要求不会掩盖它的合法性吗？尽管这些问题看起来非常明确，但是建议的许多细节——尤其是类似强制性服务的细节——要求明确的回答。第六章关于公民陪审团和强制性服务的探讨具有原创性的贡献。原因在于大多数理论家在公共政策著作中几乎没有关注过与大多数咨询型体制有关的自愿性回应的问题。即使是对协商价值比较敏感的制度设计者，也低估了挑选一个真正具有代表性的团体进行协商的必要性——代表那些平时不愿说话的人或把自己的时间用于公民事务的自愿者。

最后，第七章是关于设计计划的结论，探讨了公民社会（即非政府组织）在为参加协商的公众设定议程中有可能扮演的角色。这一章还探讨了非协商机构如何争取机会，让诸如公众部门一样的协商机构了解它们的利益诉求。此外，还试图探讨为什么公民社会必须把议程设置的功能从纯粹的精英控制中摆脱出来以及如何达到这一目的的问题。

从理论上探讨了协商民主中公民社会的角色问题之后，我给公民社会中的公民（那些没有被选入参与某一特定主题公众活动的人）提供了有效进入政治公共领域（公众部门）的众多途径。我提出了一个有关利益集团多元主义的温和主张，即公民社团征集签名并将问题提交给公众部门。我建议公民社团可以组成赞成/反对委员会（Yea/Nay committees），以帮助出席全体会议的协商者，向他们展示不同观点的争论情况。我推荐布鲁斯·阿克曼（1993）的一个“爱国者建议”（Patriot Proposal）：每个公民拥有50个积分分配给自己所选的公民团体。与此同时，各公民团体也将努力去争取公民的积分，以便在媒体活动中影响赞成/反对委员会。如果成功了，赞成/反对委员会将会把该公民组织的主张吸收到相关材料的活页里，这些活页最终将送到协商者手中。我还建议政治候选人在竞选的政治纲领中给公众部门传递一些信息（他们经常在各州的竞选中充分利用创制和复决的直接民主程序这样做），这是另外一种普通选民控制公众部门议事日程的途径。

结束语简单地概述了那些致力于组建公众部门的积极分子是如何促使其诞生（以及民主的新生）的。很显然，一个全国性的宪法修正案对本书所提建议产生效果可能也是必要的。但是，该建议在范围上并不需要马上对国家整体做出变革：在全国范围推行该建议之前，各州和城市将首先在一定程度上经历多弗（Dorf）和萨贝尔（Sabel）（1998）所提出的“民主试验论”。

让我们回到建议本身。我希望阐释的是，公众部门不仅有利于改善合法性危机，而且（如果仅仅是间接地）有助于缓解金钱政治、政治疏离、政治冷漠、当前三权分立体制下的立法困境以及大众民主下的个人主义病变等问题。尽管我没有花费太多时间解释该建议的上述优点，但我希望读者在考虑到该建议的可行性和可欲性时，能够认识到该建议的潜在优势。

第一章 制度设计

众所周知，关于协商民主的讨论往往局限于不能为实际的制度变革提供建议。乔舒亚·科恩（Cohen，1997，85）或许是正确的，他认为在对制度变革提出合理的建议之前，有必要从政治学家那里汲取更多营养。但同样也非常有必要详细地讨论：理论家和协商民主的支持者究竟要如何改革政治实践。艾米·古特曼和丹尼斯·汤普森（1996，1）宣称协商民主是在“寻找一种理论”。我则认为协商民主是在寻找一种可操作的实践。我希望对昂格尔（Unger，1996，32－33）提出的第四权（a new branch of government）的主张进行慎重的思考。关于第四权，他没有提供任何细节；我希望我讲的不至于过多。

一些理论家并不回避为制度化的协商提供操作性建议。罗伯特·达尔（Robert Dahl，1970，149－50；1989，340）建议每个公民都应该在某个咨询委员会里服务一年，每个咨询委员会对应一个民选职位

(elected official)。咨询委员会的成员应保持经常的电子通信往来，并且咨询委员会要成为一个在法律上制约代表的制度化机制。这与彼得·德莱昂（Peter deLeon）认可的他所称的参与式政策分析（Participatory Policy Analysis）大同小异：随机挑选一些有可能受到某项具体政策影响的公民出来服务一年，他们的义务就是与那些制定政策的专家和行政官员碰面，就行政事务表达自己的意见。这样，那些制定政府重要决策的非民主的行政部门，可以在同普通公民的讨论和协商中获益匪浅。约翰·伯翰曼（John Burheim，1985，Ⅲ－13）提出了一种更为激进的主张：终结我们今天所熟悉的代议制民主，以制度化的协商民主取而代之，即通过随机挑选部分公民对各种不同的政治议题进行辩论，进而为整个国家制定政策。同时，詹姆斯·菲什金（1991；1997；1999a；Fishkin and Luskin，1999）提出了一种相对慎重、不那么激进的主张：应该用（他所定义和标识的）“协商民意调查”（Deliberative polls）取代公共舆论调查，即召集500人左右就要讨论的议题进行辩论以达成更为成熟的公共意见。协商民意调查被设计成能够比较准确地反映选民在掌握了相关信息的条件下所作的选择，而选民恰恰往往得不到那些信息。通过随机挑选的公民为制定政策提供建议，菲什金希望达到这样的目的：在促使更广泛的公民参与，使其作为公民获得更多信息的同时，把协商性因素引入政府部门。但结果却是，协商并不能对所有政府组织产生影响（untouched），而且还可能忽视人民的意志，因为这样的协商仅仅局限于意见形成过程。[①]

在这里，我试图基于三个主要假设提出我的改革建议。毫无疑问，我秉持一种协商理论的民主观，它认为集体自治的共和价值和康德（Kantian）所主张的每个公民都应该成为他/她自己的立法者都是不证自明的。可以比较恰当地把这一民主直觉描述如下："民众的政治自治首先表现为人民切实作为其国家基本法律的源泉"（Michelman，1997，145－47）。其次，我进一步假设我们的宪政民主试图通过多数的原则来汇聚人们的偏好并确立一些规则，同时强制性实施一些平等的基本规范制衡人们的不同偏好，以实现公民政治自治的价值。[②] 我的第三个主要假设是：公民面对面的互动比代议机构或虚

① 菲什金的著作同 Ned Crosby 的著作一起——Ned Crosby 研究公民陪审团（这个术语是他的标识）——形成了一个专题文献，我这本书也可以列入这个文献，我的建议和该文献提供的其他建议不同——对这些不同我不做详细说明。总体来说，属于这个文献"家族系列"的还有 Benjamin Barber（1984）；John Gastil（2000）；Ned Crosby，Jane Kelly，Paul chaefer（1986），Ned Crosby（1995）和 Simon Threlkeld（1998）的著作。我将在第六章详细讨论 Crosby 和 Gastil。尽管在拜阅 Threlkeld 的五页评论之前，我的思想就已经形成，但是 Threlkeld 的五页评论中的思想和我这里的思想不谋而合。当然，我的建议比他的思想更进一步，少了一些乌托邦的意味，因为和他不一样，我尊重当前的代议和分权体制（Barber 对此也同样缺乏足够的尊重）。进一步讲，Threlkeld 和 Barber 遇到了一个无限回归的问题（an infinite regress problem），因为他们希望看到公民团处理所有的事务，却对议程设置的问题熟视无睹。

② 关于多数主义对生活的作用和缺陷的详细解释请参见 Gutmann 和 Thompson（1996，27－33）。在这个建议中，绝对多数原则要求采取某项不同的辩护战略；参见第五章。

拟/电子交流更能体现民主的理想。[①]

我试图避开为那些不能被多数原则侵犯的基本权利清楚地阐述基本的保护理由——这更多的是政治学理论的任务，也更多的是为司法审查和分权辩护[②]。因此，我把探讨的焦点放在关于如何更好地达到近似民主的动力上。我试图找到一条能够扭转当前体制以使它更令人向往的途径（基于人之所向作了三个假设）。我希望我的建议对各种民主主义者（democrats）和共和主义者（republicans）（小写字母“d”和“r”）都有吸引力，只要他们不是精英主义自由派，对人民应该成为自己的立法者普遍持不信任的态度。只要“我们人民”（we the people）不被当作一个在现实中无法实现和构建的政治幻想，那么在最好的情况下，我的建议就能够为“我们人民”这一修辞提供实质性的内容并把这一概念具体化。即使威廉·里克（William Riker，1982）认为美国人是靠制度而不是靠他们自己治理的观点是正确

① Iris Marion Young（1990）很好地解释了为什么面对面的关系并不一定具有优越性。她认为，“面对面民主的理想假定了一个非间接（unmediated）的社会关系神话，并且错误地把间接等同于疏离…… 它暗含了一个由分散的小团体组成的良好社会的模型，这一模型是不现实的，在政治上也没有吸引力，同时它还回避了处理这些分散社群中各种关系的政治问题”（232－33）。她认为这种模型“非常理想化”，并且认为“转型社会的模型必须基于当时历史条件提供给我们的物质结构”（233－34）。最后，她极力主张“政治必须被看作是从主观和直接的意义上来说彼此不了解的陌生人通过时间和空间联系的一种关系”（234）。很显然，我同意（并证明了）Young的许多观点，并且认为在我的建议中，通过为非“直接民主”和代议制度保留空间，能够解决她关注的一些问题，但最终我还是认可面对面的协商模型。

当我考虑到Elaine Scarry（1996，98）所谓的“揣摩他人之困难”的时候，我就会服膺于面对面的民主。通过坚持认为他人具有不透明性，Scarry的观点回应了Young对自由主义的批评。当然，Scarry借用“困难”的概念是为了证明超大规模国家的宪政主义的正确，而我则认为协商民主是有助于解决这个困难的潜在资源——这个困难是指，除非自己确实了解而不是虚构他人的利益诉求，否则不可能做到真正为他人的利益服务。菲什金试图以同样的方式证明协商民主，特别是谈到当人们在投票过程中一旦真正理解了彼此的实际状况，政治观点就发生急剧的立场性转变。

② 关于如何更好地通过分权来保障民主价值的建议，见参见Bruce Ackerman对“有限议会主义”（constrained parliamentarianism）的辩护（Ackerman，2000）。

的，美国的制度也可以更多地利用制度化的协商民主带来的直接利益表达，确保更高水平的自治。同时，对那些把协商民主看作是“善于表达者的统治”（Epstein 1988，1642）① 或者是“对权力关系迟钝”（Shapiro 1999b；Young 1990，233－34）② 的协商民主的批评者们来说，我所建议的协商机制也能够减少他们的顾虑，进而帮助他们建立起对人民的信任，即那些他们声称想要帮助的人。

建　议

我建议在分权与制衡的体制中增加一个新的权力部门。在行政、立法、司法三权之外，人民需要另外一种能更清楚反映其心声的权力。我们称这样一种权力部门为公众部门，因为它旨在更具体地展现我们对人民主权的认识。在实践中，这一权力部门应取代公民创制和复决；它建立的制度应解决公民创制和复决等形式的直接民主所存在的缺陷，其功能的发挥有赖于国家或州宪法修正案③，其成果的展现就是立法——相关的（州或联邦的）行政机关和立法机关可以通过绝对多数撤销和否决该法律，司法机关也可以对该法案提出异议。尽管对任何制度设计都应该提供否决公众决定的类似机制，但否决意味

---

① 最近，有人批评“多元主义的话语统治”（pluralistic logocracy）（Cohen and Sabel，1997，330）。但是 Cohen 和 Sabel 敏锐地意识到“协商失败的可能性不是反对努力改进‘协商’的理由”。

② 关于对我整个事业持怀疑态度的全面论述请参见 Sanders（1997）。Sanders 的观点值得斟酌，尽管通过我的建议中所主张的协商制度，能够解决她关注的许多问题。

③ 看似矛盾的是，我需要依靠发挥其他“权力部门”的功能“创造”出对他们自己的权威进行制约的机制。我并没有完全否定非协商政府行为的合法性，所以随着讨论的推进，这一矛盾就不会那么明显。

着违背政治授权，所以我推测这些否决机制一般不会运行。

公众部门由525名分层随机抽样挑选的具有选举资格——尽管不一定要进行选民登记——的选民组成，这些人被分成15人左右的小组进行辩论。在全体会议中，公众部门以这些临时组成的小型公民陪审团进行他们的“要价”。基于这个目的，这些陪审团可以以菲什金的协商民意调查为模板，即在保证代表性、没有偏见和信息对称的条件下，在协商会议上就政治性政策进行辩论。此类陪审团应该适用于目前使用公民创制和复决的地方。在这种制度范式中，公众部门有权立法，立法机构和行政机构可以协助其确定日程，并且保证协商的结果与现行法律法规相一致。立法机构和行政机构也应该像现在一样，负责以专门化的方式对待法律制定过程，不受大众偏好的影响。

公众部门的管辖权限取决于所要讨论的政策问题；地方和联邦的问题都可以由随机抽选的公民代表来解决，虽然它们之间有一些细微的不同，但它们的问题都可以通过相似的程序进行“协商”解决。[①] 在全国性的会议中，最好有几个地区性的会议，在地区性的会议中总的选票是集中的，而不是加权的——一人一票。甚至大州也可以就一州范围内的民众行动要求地区性的公民随机抽样。

对某些政治热点问题（如同性恋婚姻、毒品立法或器官捐赠方面的推定同意），每个公民都有自己的比较成熟的个人见解，这些问题可以提交给州或全国范围内的随机抽选出来的公民团在几天内进行表决。通常对这类问题的政治见解是高度不一致的；由于这些都是有

① 我认为，协商陪审团也可以运用于管理层面（at the administrative lever）的其他目的，尽管它并不取决于此，但我的建议与这种运用并不矛盾。更为重要的是，我对菲什金的创造如何能够真正构建一个更好的政治公共领域这一问题很感兴趣，在这里决策是协商意志形成的产物。

可能列入议程的事项，协商性会议将会帮助安排那些需要由选民进行更认真深入的思考的问题。

我将在直接民主的议程设置程序（就是大家现在所熟悉的创制程序）基础上规定，必须达到一个更高的标准才能把某项议题提交政策陪审团。我们要求，要有百分之十的相关投票人同意把某项建议提上协商日程（而不是同意建议本身），同时，需要按照某种平衡原则①获得来自全州或全国范围不同地区发起该项建议者的签名。虽然电子通信、电子签名的发展相当于建立了直接民主机制，但还是需要有各种方式防止征集签名过程中普遍存在的腐败问题。科罗拉多（Colorado）当前的实践是这方面的典范：在整个签名单上随机抽取部分代表并且只认这些代表是合格的（Magleby，1995，22－23）。

通过相对间接的民主程序，即需要参众两院分别以绝对多数和简单多数才能通过——另一种高标准——可以作为将复决付诸公众部门议程裁定的规则。由于立法者已经受到过法律起草的训练，由联合委员会（joint committees）起草法案供公众考虑具有很大的优势。因为法律起草者知道他们的法案最终将受到公众部门陪审团的仔细审查，如果希望得到公众部门的认可，他们就必须保持清醒的头脑。否则，他们将前功尽弃。

一项法案获得公众部门的认可后，须有总统（或州长）的签字。当然，行政机构和立法机构可以（以绝对多数的形式）否决公众部门决策，但是它们需要冒着违背人民意志而遭到控告和撤职的危险。

---

① 1992年，在27个进行某种形式创制和复决的州中，进行某种形式创制和复决的有三分之一的州的签名一开始就设置了10%或者10%以上的最低限。在这9个州中，有7个州是10%，所以，我就沿用这些州的标准（Magleby，1995，22）。地域性分配标准应该是灵活的，它取决于哪些地区受到所讨论政策的影响最大。

最后，上诉法官（来自联邦或州的法院系统）只要得到多数法官的支持，就可以召集公众大会决定某个公众议题。当然，在法官召集会议的情况下，公众部门比在立法过程中具有更强的提出建议和获得信息的能力。与菲什金的模型相似，公众部门的决策不能仅仅因此而受到限制，虽然公民不能就法律进行辩论，但可以就公众意见进行辩论。在这种情况下，代议民主和直接民主机制都可以将一个事项列入公众议程从而向所有政府部门进行政治输入。

这样的政府第四部门要求有一个新的管理、组织和筹备协商陪审团程序的管理机构。这一机构可以为协商会议裁决来自立法者、法官和人民自己的各种要求，并做出合理的安排。该管理机构应该确保法律起草的开始阶段和征集签名的过程不受金钱利益的腐败影响。在为协商准备信息和事实材料时，该管理机构应该关注有关争论并帮助减少无谓的争论，确保三四天的会议能够体现协商性。但是，在程序和实体明确区分的前提下，管理机构的作用应该是程序性的而不是实体性的。这种管理机构的一个典范就是阿恩·伦纳德（Arne Leonard, 1995, 1236）全国范围的"宪法修正案公民委员会"（Citizen's Commission on Constitutional Amendment, CCCA）：

> 一个由九人组成的独立委员会……其中六人是被任命的，另三名是选举产生的。以下每个国家机构的官员应该任命一人作为CCCA的成员：众议院议长（the Speaker of the House of the Representatives）；参议院临时议长（the President Pro Tempore of the Senate）；州长（the Governor）；司法部长（the Attorney General）；最高法院的大法官；上诉法院的大法官。CCCA被代命的

成员中来自同一党派的成员不得超过三人。进行过选民登记的选民（直接）选出三个人作为 CCCA 的成员。选进 CCCA 的成员不能同时选举担任另外的政府职位。CCCA 的所有成员从被选举或被任命之日起，任期四年……同时 CCCA 需要按照各州行政程序法制定相关命令和程序规则，立法机构应该为 CCCA 提供合适的办公地点，合法开支的适当资金，为 CCCA 的成员的服务提供适当的补偿。

此类委员会稍作调整就可以适用于各级政府（市、州和联邦），并且有助于对协商会议的管理、对利益相关者的仲裁以及确保协商过程的完整性。伦纳德（Leonard）希望通过使该委员会制度化的方式，提高创制和复决的协商性；我的建议则会进一步中和当前全民创制和复决程序体现出来的大众民主的活力。因为我不太依赖协商的教育潜能，而比较关注它对公众意志形成的潜能，所以我要求对创制和复决程序进行更大程度的重构。

我对伦纳德设计的委员会的借鉴过程中，将继续允许各政党扮演一定的角色，因此在相关委员会中空留一些席位给政党任命。各政党可以任命部分成员进入公众部门，但同一政党最多任命三人（在各级委员会固定的九人当中）。我希望成立州委员会处理州和地方问题，成立一个国家委员会处理联邦的问题，因此，由谁来任命的问题取决于管理机构的特殊权限。伦纳德的建议适合于州的范围，但事实上，不管其委员会监督哪级政府，一般的政党结构都需履行这种确认程序，让政党来确保政党之间、政党与公众之间相互妥协。

但是其他三名委员（具有决定性影响的投票者）须由选民直接

选举产生。参与选举的候选人不得从任何一个政党那里拿钱搞竞选。相反，一旦卷入通常候选人都要经历的选战圈，公民参与公众部门竞选（注意，这里行政机构将有选举的委员会）的基金只能来自于法律规定的公共基金或个人财富，不允许其他的私人性资金用于资助选举。或许这将意味着只有像乔恩·科辛（Jon Corzine）、斯蒂文·福布斯（Steve Forbes）和罗斯·佩罗（Ross Perot）这样的人才能有竞选的资本。但是他们的作用主要是匆匆提交报告建议，作内容总结，这些工作他们的工作人员毫无疑问都会更细致地完成。毫无疑问，我假设这些代理机构是价值中立的，这充其量是一种乐观的假设。但是，通过保证公众部门完整性的程序措施和每步程序的公开性，大众媒体和普通大众的监督有可能使管理机构的权力受到制约。

从总体上来说，当前创制和复决程序的一个最大问题就是，只有具有雄厚财力支持的团体才能征集到提议表决所需的签名；也只有具有雄厚财力支持的团体才能为媒体活动提供资金，以推动立法复决（Magleby，1995，36）。即使在我的模型中，具有雄厚资金的特殊利益集团也更有可能促使协商机构优先考虑他们的提议。但对我的建议来说，一个重要的目的就是通过把每个政策建议提交给协商机构，而不是给那些易受大众媒体操纵的信息不对称且缺乏代表性的少数投票者，从而削弱财力的影响。大众民主遭遇此问题，是由极端的大众主义（populism）带来的（Magleby，1995，37－40）。请考虑下述事实：

大多数投票者面临一个信息真空……先前的研究已经表明很多投票者是以违背自己在该问题上的正常偏好进行表决的。以1980年加利福尼亚关于控制出租的创制为例（California rent control initiative）……通过票站调查（exit poll），《洛杉矶时报》（*the Los Angeles Times*）得出结论说："投票者结果明显地表现出困惑并对该提案表示怀疑。"对票站调查的分析显示超过半数的加利福尼亚投票者不清楚选票中"是"（yes）和"否"（no）的具体含义。超过四分之三的加利福尼亚投票者没有把他们对控制出租的看法与对该提案的投票统一起来：23%的人希望支持控制出租但是错误地投了反对票，54%的人希望反对控制出租但错误地投了赞成票。（Magleby，1995，38－39，引自 Smith and Townsend，1980，22）

即使给投票者提供有关投票的信息手册，情况也不会有大的改观，因为没人会去阅读。这就导致他们容易受到具有经济利益的大众媒体的影响。

在公众大会的协商机构中，政治口号将受到审查。目标设定为公众的广告将偏离方向，因为它们试图影响随机挑选的陪审团成员，自然成效甚微。在这个充满可能性的世界，那些擅长煽动公众的政客仍然能够把某些议案提上日程，但是所有政策提议必须经过协商审查才能生效。本书的建议旨在促使美国人更多的承担起直接民主的责任，这样他们就可以更多地享受到直接民主的成果并提高政治的合法性。

在这个模型里，法官应该确保协商机构取得的最终成果与实体意义上的"平等保护"原则保持一致。协商的真实过程将以抄本的形式保存下来（为了保护隐私，这些抄本是匿名的），所以法官能够通过保存的纪录了解协商中相关投票者的思考过程。在许多有关直接民主的司法审查案例中，法官试图搞清楚投票者在就自己很可能不理解的某项法案进行投票时的真实想法，然而，在对协商会议的司法审查案例中，法官将通过抄本的纪录更清楚地把握那些“立法者”的偏好。与此同时可以通过协商后的调查获得更多有关“立法者意图”[①]的直接信息。

法官们应当警惕多数人的暴政和某些协商结果的不可接受性，从而坚持宪法的基本条款。与所有优良的程序将产生公正的结果的这一循环论证不同（Habermas，1996；Traub，1996 - 97，112 - 14），我承认批评家对协商民主的某种担忧，他们不无道理地指出，在实践中，协商民主经常会产生不自由和“不民主”的结果，这些结果会进一步巩固业已存在的权力不平等关系。毫无疑问，这是直接民主普遍存在的一个问题，但我相信我们已经存在的制度性机制能够控制或者至少能够反对此类结果。更趋合法性（a better approximation of legitimacy）带来的好处业已强烈呼唤协商输入。虽然我并不理想化地把协商作为合法性的唯一来源（参见第二章），但我还是高调地主张协商。

尽管法官继续承担着防止多数人的暴政的艰巨任务，但他们的意见也应该受到公众的限制。[②] 法庭不能把他们的观点建立在对公众意志的倾向性评价的基础上，而没有来自协商机构的公众支持的实际评

① Cohen and Sabel（1997，337）也依赖协商会议的这种优点。

② 尽管在对德沃金（Ronald Dworkin）使用 Herculean 审判（Herculean judge）的批评上，比批评研究联盟的学者德沃金更负责，但是依然存在法官中心主义（judge-centric）的倾向（Habermas，1996，211 - 22）。

遗憾的是，哈贝马斯并没有像我这样提供建议的“具体细节”，把讨论的规则适用于公众意志的形成领域。相反，哈贝马斯认为司法层面的协商民主足以保证平等的关注和尊重。只要法官考虑到参与讨论协商时公民的言论，哈贝马斯就会妥协，使自由宪政民主与对话理论和平相处。对这种自鸣得意，我表示怀疑。

价。法官们还可以要求会见州或联邦协商陪审团，尤其是在他们追随理查德·波斯纳（Richard Posner），并对司法决策中的社会科学满怀热情的时候。实际上，如果法官们想把决定建立在某种“深植于民族的……传统”[①] 上，他们更需要倾听协商陪审团的建议。传统，尤其是“民族的”传统，是协商控制的绝佳话题；显而易见，人们对他们的传统给予证明和提出质疑都是最有发言权的。因为组成一个民族（a people）并不是一件自上而下的事。

强制性服务

我希望把在地方协商机构和联邦协商机构中的服务作为强制性的公民责任，就像我们的社会希望公民要为陪审团服务一样。但是法律规定参与协商机构的程度应比参与陪审团服务的程度更深：不容许经常有推延和托辞的情况存在。任何有资格投票的人都有资格被征募进某个协商会议。为不懂英语的公民提供翻译服务，并且提供适当的薪金和差旅费可以提高参与的积极性。因为自愿性回应的问题是协商模型和复决程序经常遭人诟病的一大缺点[②]，强制性服务——虽然不太可能采取监禁的惩罚措施，但可能采取罚款或社区服务的方式——可

① Bowers v. Hardwick，478US. 186，192（1986）（引用 Moorev East Cleaveland，431U. S. 494，503［1977］）同时可参见 Lochner v. New York，198U. S. 76（1905）（Holmes，J，反对：“建议制定的法规可能违反人民和法律传统遵循的一些基本原则。”）

② 参与无记名创制选举的投票人数（turnout for special elections for ballot initiative）非常之少。那些投票的人“比参与大选的选民受过的教育更好，年龄更大，经济状况更好，且意识形态性更强”（Magleby，1995，32）。关于直接民主为什么不能被信任的更多情况（为这里采取的方法提供进一步的理由），请参见 Clark（1998）。菲什金认为，他通过随机分层抽样回避了这个问题，随机分层抽样通过权衡统计和偏好，大体上代表了公众的意见，但是他也会遇到自愿性回应的问题（the voluntary response problem）（Fishkin，1991，81－104）。

以避免削弱公众论坛（popular forum）合法性的常见问题。

进而言之，在一个政治文化中缺乏整合公民这一要素的时代，政策陪审团的强制性服务可以成为美国公民权的重要特征。通过以逃避服务为耻的方式，通过培育一种政治文化，促使真正意义上的公民以多种方式参与制定与其生活息息相关的决策，公民社会中逃避服务的行为将付出沉重的代价。但是，这主要是一种社会学式的推断而不是一种观点。

默许的终结

商品化的秘密投票的聚合不能代表同意［包括那些我们如此依赖的默许票（tacit sort）］，我已经提出解决这个民主困境的建议。通过随机抽样挑选协商人员，并希望每个协商者进行秘密投票。但是，协商应该保持公开：协商情况应该被记录并且形成公文，不仅报告最后的投票情况，而且记载协商会议的全过程。

因为每一个利益相关者都有可能选入相关的协商机构，而且在一生中有可能多次被挑选出来为协商机构服务，所以就更容易达成一致（那些放弃被挑选进入协商机构的人必须接受陪审团所做的决策，因为他们是明确表示放弃成为决策制定者，而不仅仅是放弃担当一个无足轻重的投票者）。这种范式比我们当前的代议体制更能达到实质性代表的目标，因为在现有体制下代表的标准都是形式上和替代性的。议员制度化的讨价还价功能经常导致对实质性代表的扭曲，而我所建议的协商制度则基本上避免了这点，在这里公民将自主决定什么是值得妥协的。当然，代议制存在的一系列问题很难彻底解决，我仅希望深思熟虑的人们在追求其认同的政治目标过程中比现在做得更好。

聚合与决策程序

尽管在我的模型当中协商是首要的形式，但是协商结论的得出也需要经过一个聚合程序，因为我不仅关注公众意见，也关注公众意志的形成。所有的协商会议都将就二元选择问题（比如，对某提议的赞成/反对）进行表决，每种情况都需要运用绝对多数原则[①]：协商结束后，就陪审团投的“赞成”、“反对”或“弃权”票，还得进行一次秘密投票。如果三分之二的多数投“赞成票”（就陪审团所投的“赞成”或“反对票”），法案将被通过。如果达到五分之三多数，但不够三分之二多数，那么我将要求陪审团暂不通过议案，让该议案继续保留在公众议程中，以便在进一步的协商会议中做出裁判。

在重议该建议之前，陪审团应该暂停会议，建议发起人可以根据第一陪审团的反馈意见修改他们的建议。因为可以公开获得陪审团的协商信息，建议发起人可以修改他们的建议以满足随机选举出来的陪审团的需求，哪怕另一个陪审团将对该建议进行更深入的考虑。（协商）委员会应确保建议的修改合理，并且反映了协商者普遍的修改意见。任何时候，任何议案的三次无效宣判都将意味着该法案不能通过。当然，如果没有达到五分之三绝对多数，也没有达到简单多数，

① 有关对绝对多数要求的详细辩护可以参见 Dennis Mueller 的著作（比如，Mueller，1996，180－87）。我在第五章将更详细的讨论该问题。

那么该法案将正式被否决并将退出协商议程，而在传统的程序中，简单多数就意味着建议法案的实施。

如果被否决的议案一开始是通过创制运动提出的，那么在三年内，这一议案将不能通过该机制再次向公众部门提出。当然，在这三年之中，立法部门或司法部门可以要求公众提出类似的问题。如果立法者在协商大会上提出某个问题，他们在三年内也不能采取实质上与被否决议案相似的措施，不过通过创制运动或司法机构可以在这段时期做到这一点。有关分权与制衡的建议体系以及批准权和否决权的更多详情，请参见本书第四章。

议程设置

因为有建议驳回的问题，所以很显然，让某些协商会议为另一个协商陪审团设定议程并没有什么意义。因此，我还是需要利用目前的某些把创制引入公共领域的简单机制。大多数情况下，某项建议的倡导者需要征集与该建议相关的部分人的签名。这些签名有时要受到检查以防腐败的发生，而建议本身则要受到某些措词的基本限制以及合理程序的限制，就像受到事务管辖权限制（Magleby 1995，25）。[①] 同时，立法机关或上诉法院有权决定把某些问题提上议程。

在本书第七章，我处理了议程设置和形成这一最棘手和最核心的

① “在一些州排除在投票选举的事项包括通过创制任命某人担任公职，紧急立法以及利用复决程序阻碍拨款。某些州‘要求一项措施只能包括一个事项’”（Magleby，1995，25，引用加利福尼亚州宪法（California Constitution），Art. Ⅱ，§8［d］）；Florida Constitution，Art. Ⅺ，§3；俄勒冈州宪法（Oregon Constitution），Art. Ⅺ，§1［2］［d］。这些都是帮助直接民主更有效发挥其功能的合理和必要的程序——我将使精英们更加可能从总体上相信我的建议。

问题。针对这个难题，我认为有两种应对方法：一个较为具体，另一个较为理论。具体的方法就是，在重构的体制中，参加大选的候选人以他们向公众部门提交的基本问题为基础，展开他们的竞选活动。通过这种方式，公民将找到某种参与复决［与创制相对照］议题设置的途径。当然，我不会要求候选人的竞选纲领包含他们将向陪审团提交表决的建议（因为立法者几乎不为公众议程拟定议题）。但经验证明，各州积极利用复决程序的候选人经常以有利于候选人和公众公共决策的政治纲领进行竞选活动（Magleby，1995，29）。

理论的方法就是“公民社会讨论”的形式——公民在他们所在的公民社团（civil associations）中，即在更小的公共领域内形成一系列议题，以便在更大的政治公共领域中得到利用。竞选基金拨款方式的一个根本变化将有利于上述过程，这一拨款方式采用菲什金（1991，99－100）的票券体系框架（sketch of voucher system），同时建立在布鲁斯·阿克曼（1993，71－80）“爱国者建议”（Patriot Proposal）的基础上，在“爱国者建议”中每个公民可以向他/她选择的利益集团分配某些公共基金。在第七章，我试图利用这些改革措施提出我自己主张建立的机制。与此同时，假设或当公民社会不能满足我们的期望的时候，我们必须相信我们的代表（民选官员或随机挑选进入公众部门的人）能够尽可能地提出各种替代方案和主张，迫使他们利用非党派的力量（与前述 CCCA 类似的实体）就党派性的争论作出公断。反乌托邦制度的主张者总是用目前存在的问题来衡量进步。

权力部门

这个系统设计有赖于各权力部门的相互作用。[①] 毫无疑问，人们不能把所有“民主的”决策都寄希望于协商。我们必须经常关注制度设计中其他权力部门具有的特征，发挥“政治平等”和“非暴政”的优势。因此，我没有理由排斥普选、法院以及行政机构；我需要它们继续发挥行政管理、监督、立法、法律修改以及解释的功能。不必期望每个公民成为立法的专家，也不必期望他们在这方面花费太多的时间。因而，我想把制定艰涩的法典的工作留给立法机构及其相关机构。为防止多数人的暴政，司法机构在这种政府体制中依然应该扮演重要的角色，以防止公众部门对权力的滥用。就像复决曾经带来反自由的结果一样，我们有理由担心协商机构可能产生某些不良的决策。即便对这种形式的直接民主进行司法审查也并非全不合适，它也有助于平衡共和主义和自由主义，平衡人民统治和避免多数暴政。[②] 尽管应该“允许”行政长官（总统或州长）和相关立法机关的绝对多数撤销或否决协商会议的立法，但是这种行为如果不是被看作权威主义，就是政治自杀。但是在非常时期法官有必要成为主导并且是“非民主的”。同样，公众部门也应该监督司法，以防其对司法权的

---

① 菲什金在他的著作中对分权的价值关注不够。这一缺陷促使我的建议在此着墨甚多。在第三章和第四章我将更明晰地阐释我在这个问题上的思考。这里的洞见在于如果存在合理的制约机制，我们就可以相信直接民主。与远离直接民主和仅仅依赖于代议机制和司法审查不同，我们可以成立一个部门，在那里独立的个体可以聚在一起制定法律。

② Julian Eule (1990) 认为任何形式的直接民主都需要有严格的司法监督。有关司法审查对公众部门的制约的更多情形，请参见第四章。

滥用，对偶尔出现在司法决策中作为立法基础的“普遍意志”提出质疑；同时，法官应该要求某个协商陪审团对公众意志进行评估。因为我希望避免过分强调某一方面，而忽视了矫正另一方面的问题，我的制度改革建议并没有采取彻底推翻现有体制的方式。然而，如果真正重视人民主权，那么就必须对现有体制进行某些真正的变革。

更多详情

让我来概述菲什金模型（以及我对此模型进行的修正）的五大显著特征，把它作为我的建议具体实施的基础。

选择参与者

公民陪审团的选择基于这样一个理念：通过分层随机抽样选择出人口当中具有广泛代表性的群体。这样，很自然的问题就是：“更具体而言是谁的代表?”“能否允许我基于种族、阶级和职业选择代表?”“严格的人口统计学的结果能否满足科学性代表的要求?”“为什么我不采取陪审团模型，这一模型更多的是靠抽签而不是靠统计抽样，后者将进一步强化遭人质疑的基于种族和性别的区分?”“我真的认为百分之十二的黑人参与者就足以代表全体黑人的利益吗?”这些强有力的问题（在他们自己的著作中对这些问题进行了详细的探讨）没有明确的答案。

然而，作为一个普遍的法则，菲什金的抽样正好与这些反对意见相反，因为他的样本将在更大的公众舆论库里反映原始偏好和人口统计指数。他论证到他的样本的确在很大程度上反映了整个社会视角的多样性。当然，我并不确信能够把这件事情作为一个规范政治理论问题：没有什么代表理论能够为怎样完成这项任务提供确切的答案。但是从制度上来说，不管我最终选择了怎样的方式，就代表少数的利益而言，我的总体改革可能能够在一定程度上推动当前代议体制的进步。[①] 无论如何，任何预先确定的政治意志都不需要代表。提供协商会议的机会是一种创造成熟的政治意志的方法。作为一种代表的结果，并非因为包含了某个人，而是因为个体是如何被包含的。没有讨价还价的协商将促使对手头问题的特别关注。使用地理分层随机抽样是挑选陪审团最明显的主体中立和意见中立的方式。

然而，对菲什金来说，抽样选择参与者存在自主选择的问题，即参与没有强制性，参与者有权放弃参与。要求国民参与协商会议具有强迫性和费时性，那些愿意参加周末讨论的人肯定存在自愿性回应的问题。我主张的强制性参与（参见第六章有关该问题的讨论）绕开了这个问题。甚至菲什金（1991，9）大胆地写道：“代表的角色应该考虑与陪审团的角色类似。如果这类事情被制度化，它应该被看作是一种公民责任。”事实上，这是一种非常具有建设性的表态。

我的挑选过程将像菲什金的挑选过程一样小心谨慎，我建议组织一次协商前的问卷调查，不像菲什金那样把它用来测试人们是否在协商后改变了主意，而是为了确保听到视角多样且主体中立的声音。每个更小的团体中的讨论都有不同价值诉求，即使像 CCCA 之类的机构也不能在这个小型团体中安排确切的代表，这样就对协商会议的方向

① Magleby（1995，44，引自 Baker，1991，710）说道：“Lynn Baker 用公共选择理论探讨少数是否在代议制中比在直接民主中做得更好的问题。她否认‘种族上的少数通过代表的方式比自己直接参与法律制定过程更能维护自己的利益’，并极力主张少数关注的焦点在于改进直接民主而不是把它废除。”

提供了过多实质性的输入。公共领域的民主实践必须依赖于视角多样性的展现和自我利益的表达，哪怕这种展现和表达仅仅具有启发性。尽管某些最小民主主义者可能把它视作一种缺乏讨论和多数原则的秘密投票的程序性实践，但是“强”民主必须具有更高的要求。采用秘密投票是为了纠正公开投票的某些毛病，从理论上说公开投票是更好的机制。但私密投票也有它自己的问题：它使公民彼此隔离并且影响投票的真实性。公众部门是一个必要的纠错机制，因为经常看到和听到某人表达他或她的自身利益以及其背后的故事是改变人们观念的一种途径。民主必须能够容纳（甚至促进）公民改变自己想法的能力；这就是民主的进步性和实践性，是民主发展的动力。

协商能力及调解机制

菲什金模型也着重探讨了“公民能力”的问题（Fishkin and Luskin，1999，7；另参见 Elkin and Edwards，1999）。协商民主的批评者合理地指出公民所知甚少，如果给他们机会，他们很可能对专家俯首帖耳，或者作无谓的争执（Button and Mattson，1999）。但这并不是主张家长制的借口。

菲什金在公民能力的问题上进行了精心设计。他不仅以一种教育的态度发放手册和音像材料帮助公民了解有待协商的问题[①]，而且通

---

① 在许多州教育性的小册子并不成功，但我（不奇怪地）认为这与投票者始终具有无知的动机有关——这就是著名的“理性的无知问题”。在非此即彼之间权衡远比在几百页解释材料之间判断容易。我所建议的更加具有协商性的体制高度强调期望和动机。菲什金曾经说，当参与者知道自己是协商性民意调查的一部分的时候，他们就会更积极地参与政治。当参与者 1/n 的选票成为整体选票中具有实质意义的一份（1/525，同时还有机会说服 14 位其他参与者）而不是无足轻重的时候，我希望他们能够有积极的反应，他们的选票表达的是一项意志，而不仅仅是一个意见。

过鼓励参与和对调解人进行深入的社会心理学培训，确保协商会议不被那些能言善辩的“大嘴”所掌控。在他的协商民意调查中，“80%的参与者发了言”，“会议记录是很普遍的”，“不文明的行为很罕见”（Fishkin and Luskin，1999，12）。[①] 当然，任何时代民主的批评者都强调民主必定在某种程度上受到蛊惑人心的政客的操纵。但是，那些从事协商民意调查的人接受了如何降低这种趋势影响的教育培训，毕竟，调解人是由于他们自己的公平和公正而被挑选的。

这就提示我们，只要联邦法官接受了如何控制某人试图垄断谈话的社会心理学训练，我们可能应该让他们来担任调解（尽管我想他们已经接受了这方面的主要训练）。即使个别法官在某个问题上有偏袒的记录，大多数的法官还是能够成为品行端正、处事公正的调解者。调解者应该能够为陪审团解决真实的问题，因为很多偏好很明显是建立在错误信息和错误统计的基础上的。因为会议笔录是公开的，法官们不可能从巧妙地操控对话中脱身。尽管没有偏见永远是不完美的，但这个建议还是比寡头统治要好，因为在寡头统治中只存在金钱法则，为了保持一个特权阶层重新推选他们，利益集团成为唯一制约政客私利的政治力量。

最近我在纽黑文协助进行了一项协商民意调查，我们用来自康涅狄格妇女选民联盟（the Connecticut League of Women Voters）的志愿者作为调解者；她们胜任了这份工作并且帮助我们确保了协商者最大程度的参与，她们分析和处理复杂政策问题的能力也让我们感到很惊讶。

---

① 因为菲什金的协商性民意调查不是强制性的，他很可能找到众多的交谈者；自愿回应的问题表明他可能吸引那些健谈者。

从分组讨论中倾听人民的声音

在调解人的协助下，35 个 15 人小组在同一地点就一个议题进行讨论。虽然对建议及其历史背景的基本情况介绍须在政治家或行政官员主持的全体会议中进行，但是具体的协商事宜应该在更小的范围内进行。这样就确保了各种不同形式的对话得以表达并且反映了达尔（1970，52，118；Dahl and Tufte，1973）对有效参与具有“上限”的洞见。达尔估计一个协商机构需要 600 人，这与我这里主张的人数相差不大。当然，真正的话语（real discourse）要求小群的个体，既不是符合达尔的“小众”（“minipopulus”）也不是德莱昂（deLeon）“PPA”要求的 1000 人。它还表明电子协商的设想在很大程度上是不切实际的：有谁会阅读来自用户名单的邮件，特别是有 1000 个用户名单的邮件？

利益相关的原则

所有受到协商影响的“利益相关者集团”应该有权影响协商机构的发展方向。当然，这是一个相当苛刻的条件，因为确定谁是利益相关者一直掌握在管理者（还有第七章论述的公民社会的手中。但是即使管理并不完善，我们也可想而知，在协商期间，应该考虑到许多不同的利益诉求。有一种方式可以实现这种对利益诉求的特殊关切，那就是实施一项票券方案，在该方案中，所有的公民（不仅包括那些被挑选参与协商的公民）都可以给利益集团金钱资助，给那些寻求宣传和组织资源的主要倡导者和独立派人士提供额外的帮助。然而，更为重要的是，与菲什金的民意调查不同，我强调议程设置不能仅仅掌握在精英们的手中。

言论自由

最后，我对在协商中推行“言论限制规则”（Holmes，1993a）持怀疑态度。约·埃尔斯特（Jon Elster，1998，16）认为“试图把某个问题排斥到议程之外往往会把它更牢固地置于议程之中”①。此外，菲什金的著作表明言论限制规则是没有必要的——人们在没有严格言论限制的条件下能够进行富有成效的对话。正如埃尔斯特（1998，100）所言：“一个简单的事实就是，某个协商会议把其任务定为协商而不是基于强力的讨价还价，对所提出的建议和主张有重要影响。”尽管诸如阿克曼和哈贝马斯等人旨在推行“限制性对话”，即只有“理性的”或具有“公共精神”（Public-spirited）的人才允许参与辩论，对此我深表怀疑；我将在下一章进行解释。

一般来说，监管人们在公共论坛的表达内容不仅是徒劳的（Ackerman 1980），而且是不可取的。如果某人遵循圣经对同性恋婚姻持反对态度，为什么要迫使他或她在公开场合撒谎？为什么不让那个人参与协商的全过程，并质问她对圣经的信仰是否与政治问题相关？不能改变某人的意识形态信仰并没有什么大碍。把宗教逐出政治公共领域的失败尝试不仅令人厌恶，而且阻碍进步，阻碍人们真正改变其偏好，因为它鼓励了人们伪装偏好（Kuran，1995）。

总 结

哈贝马斯推崇后形而上学思想，并相信我们除了接受这种“不

① 关于在这类论坛中限制言论的规则导致适得其反的更多情况，埃尔斯特的建议参见Miller 1999。

存在任何可行的替代方式”的讨论模型之外别无选择（Habermas，1996，443）。我所讨论的建议不仅具有现实可行性，而且具有改变社会的能力，它满足了自由主义者和社群主义者、共识理论家（consensus theorists）和论争型政治哲学家（agonistic political philosophers）的需要。它之所以是现实可行的，是因为我们的政治环境能够吸收和承担这种制度重组。它要求资源的重组，但并不是所有财富的重新分配，它要求重估我们政府形式的意义，但不是重新思考民主是不是最好的政府形式。尽管它挑战了我们对“代议制”政府意味着什么的假设，但这项建议却没有要求极端的大众主义直接民主（undisciplined populist direct democracy）。它是反乌托邦的，因为它仅仅希望尽可能达到最佳的改善。它只要求接受我们的弱小民主叙事而不要求认同某些宏大叙事（grand narrative），在这里人民进行利益表达，能够比目前代议体制下的创制和复决更知情，更少受到经济的决定性影响。这是一种使人们在我们法制条件下更有归属感的切实可行的办法，如果在我主张的政府第四权的治理下，将会带来更多的民主。尽管我的建议存在严重的“城邦羡慕”（polis envy）①，但我并不认为这是一种鲁莽的行为；协商可以医治许多真实的疾病。这个问题需要聪明的制度设计，即使我难以证明我的特别设计就是足够聪明的。

这个建议既充分考虑了个性理想和个人利益，又充分考虑了差异政治和团体利益，虽然在本书中我不能完全阐明这些全部优点。通过追求程序正义，并且考虑公民社会的争论，使得国家不能垄断议程设置（第七章），该建议还把注意力集中在自由主义者和社群主义者对

① 这一概念来自 Fishkin（1991，90），但是他认为是 Bruce Ackerman 的发明，John McCormick 认为这应该是 Stephen Holmes 的功劳。

多样性的关切上，但绕开了对平等基本权利的艰难争论。这项争论应该留给理论家和法理学家（jurist）[甚至陪审团成员（jurors）!]，因为我试图论证的是一项能够嵌入美国民主生活主流并且得到其支持的操作性改革建议。[①] 毫无疑问，这样的建议有赖于基本的理念，因为它需要理论证明为什么政府制度应该保持平等并且要有利于高度自治。我在这里不加以讨论，因为尽管有关平等为何值得追求的讨论尚无定论，但我们的平等需要保护却并无争议。尽管人们应该怎样直接影响政策的问题还在争论之中，但金钱和权力经常破坏自治的事实却无须争论。

① 这里是对我呼吁的民主氛围（democratic climate）的经验支撑："依赖于这些问题的准确措词，超过50%的美国人支持全国性复决的理念[代替议会和总统做出某些类型的全国性决策]"，超过80%的人支持创制和撤换那些已经服务了一年的众议员和参议员（King，1997）。尽管这些数字支撑的结论与 Thomas E. Cronin（1989，223－34）的开创性著作的观点相似，但它毕竟是最近的数据。

第二章　理论争鸣

协商民主的每一种理论都必须并且应该至少回答两个问题：我们应该怎样协商以及我们为什么需要协商？目前对这两个问题还没有达成共识——对此问题存在激烈的争论。

一般来说，关于我们应该怎样协商的问题有两种解释模型：精英主义/自由的和大众主义/民主的。当然，就像我们选定一种二元，或双轨模式那样，我们也可以想象一种结合或者妥协。精英主义阵营的人主张主要依靠司法部门和立法部门进行协商，认为由精英作为托管人和保护者就能够把工作做得很好。许多政治自由主义者和程序主义者［如罗尔斯（Rawls，1996）］属于这个阵营，因为他们指望法庭告诉我们在适当的条件下应该怎样思考，怎样利用最好的程序。另外一种精英主义理论就是沃尔德伦（Waldron）《立法的尊严》（*Dignity of Legislation*）一书试图阐明的在立法背景中思考协商。

为什么精英主义者不应该也求助于开国元勋？实际上，代议制政府就是在这种观念指导下设计的。联邦党人对代议制的论证相当简单：詹姆斯·麦迪逊希望“通过公民机构……的中介作用提炼和扩大公众的声音”（Kramnick，1987，126）。类似地，亚历山大·汉密尔顿视代议机构提供了“冷静和沉思的机会”（410）。精英主义者关于协商民主的看法从约翰·斯图尔特·密尔（1993，335）那里得到强有力的论证：“每个人在被人看作不存在，根本不予考虑的时候，都有侮辱感。除了傻瓜，没有人……不会因为承认存在其他人的意见和愿望有权比自己的意见和愿望得到更多的考虑而感到被冒犯。”

然而，一个体现充分人民主权的民主概念必然要求不能局限于一个参与大多数情况下是非协商性讨论的立法机构。进入“代议”机构往往局限于精英群体，他们的首要兴趣是筹集资金并为利益集团服务。虽然“‘一个更具协商性的制度’的批评者倾向于认为非协商过程基本能够作出人们在掌握了充分的信息并进行充分的思考后得出的判断——并通过利用启发（heuristics）来节省每个人的决策成本”，詹姆斯·菲什金的证据基本证明了“启发式和捷径（heuristics and short-cuts）不能合理地代替（plausibly proxy）协商”（Fishkin 1999a，2 – 3；1997，205 – 9，214 – 20；Fishkin and Luskin 1999，14 – 29）。虽然我无法在此证实菲什金证据的可靠性，但我认为它说明了一个道理，即普通公民想法的改变是协商的结果，没有什么捷径可以指出讨论是怎样改变一个人的想法的。[①] 进而言之，从实用主义的角度来说，人们倾

① 更多的证据，参见 Button 和 Mattson（1999）及 Neblo（1999）。Neblo 的证据似乎表明协商产生温和或妥协的结果；这与他的实验设计有关，在他书的其他部分讨论了这个问题。菲什金的实验则不仅表明对个体的随机抽样不仅会从总体上减少人们的观点，而且在随机抽样的过程中，（那些在统计上非常重要的人）的想法也会发生变化。菲什金和拉斯金的著作表明协商会带来不可预测的结果，Neblo 的著作则表明协商情境下趋向于产生“一般性”的结果。然而，不管是哪种情况，协商性“输入”（input）都会带来规范性的优势，所以协商产生某种特定结果的趋向最终还是不会扰乱我们的理念：公民共和主义的德性比协商结果的可预料更有价值。

向于认为通过协商机构体现更多民意的决策比任何启发式的决策更加具有合法性。基于这样的认识，就找不到合适的理由排斥与现实的公民（actual citizens）进行交谈协商。交谈协商不仅会促进更加民主的治理，而且会陶冶公民德性。许多政治理论家［比如桑德尔（Sandel，1996）］认为这种公民德性有利于矫正大众民主带来的个人主义弊病。

人们一般会把哈贝马斯（1996）与双轨模式联系在一起，但其协商民主理论并不具有发展成为有组织的大众主义模型的制度潜能。因为其协商民主往往过多地希望通过法律共同体自身发挥整合功能。他抵挡不住精英主义的诱惑，尤其是受到罗尔斯（1996）影响之后，他退到了这样一个立场：把“理想演说情境（ideal speech situation）”作为一个“代议的机制”。接着，他进一步退到麦迪逊主义（Madisonianism）的立场，对现状保持过于乐观的态度，他从未主张让协商民主进入非政治个体的生活，也没有让公民进行协商对话，几乎没有让对边缘性的关注进入中心。实际上，精英主义者经常合理地关注了结果，而没有适当地关注程序。对结果的专注倾向于转向家长制，这恰恰有悖于精英主义的理论。如果采取一种宽容的态度，承认哈贝马斯是一个程序主义者，他的法律范式主要关注的是实质性结果。哈贝马斯不会忽略民主程序反让公共理性发挥作用，但他更倾向于自由主义——允许通过启发和代理来提供合法性。值得注意的是，当精英主义者提出少数人制定的政策来代表多数人的协商的时候，他们将陷入反对多数原则的困境。难道制度化的协商不能改变少数统治多数的局面吗？

萨贝尔和科恩（2002）在他们对“欧盟（EU）的主权和团结”

情况的描述中更多地体现了关于我们应该怎样协商的大众主义/民主的（populist/democratic）观点。尽管他们欣喜地看到协商是欧盟一体化（通过新的联邦主义的进程）过程中出现的一种事实，但他不能或很少为如何使美国的体制更具协商性提供规范性的著作。大众主义的协商民主者发现他们更加关注人民自己，而不是代表和法官。大众主义者把焦点放在公民对彼此的认知以及对公共领域的再认识上，而普通公民之间的辩论协商使这种彼此认知和再认识成为可能。由于人们的认同模糊并经常处于不稳定的状态，所以这种辩论协商的特点在于经常把关注点放在争论和分歧上。虽然精英也会引起争论，但大众主义者更容易关注来自边缘的争论，即那些还没有在精英政治制度中建立代表他们利益的精英的声音。这就是我比较认可的理论模型——一种论争型大众主义协商民主，其中协商者是被征募的并且是有偿的，以此保证他们尽可能收集到不同的声音以反映公民的心声。

但是，论争性大众主义者往往把他们的大多数时间花在解构公共领域上，而不是用在重新谋划公共领域的现实的改革建议上。自愿性组织和市镇会议的失败是很明显的；大众主义的教育功能尚未得到证明，却遭遇了自愿性回应的问题；协商民主的理疗方法经常留给我们许多问题，让我们夜不能寐，尤其是因为很多问题是在解决其他问题时带来的——我们选择代议制和协商性决策以避免公民投票式民主带来的诸多问题。因此，怎样合理的设计协商民主制度成了当务之急。

讨论至此，不言而喻的是，我们很难把应该怎样协商和为什么要协商这两个问题区分开来，因为它们是相辅相成的。协商可能本身就是目的：相信协商的人通常也乐于看到它广为实现。如果这有利于道德教化和熏陶，我们就不会为巴伯（Barber，1984）广泛而强烈的浪漫主义感到奇怪。如果我们坚信亚里士多德（Aristotle）关于民众智慧的箴言，那么协商就是通往智慧的一条途径。但是，正如亚里士多德所指出的，智慧可能是一种贵族式的美德，所以建议在精英代议机构中确保协商民主的良性运行是十分明智的，即使这样看起来还不够民主。如果这是一种达到帕累托最优（Pareto-optimal）资源分配的途径，那么某些人就会在代议制是否可以接受的问题上摇摆不定。如果要想教育公民或者宣扬慷慨大度的价值，那么大众主义可能是唯一的选择。

无论如何，埃尔斯特（1998，11）陈列了协商的好处：协商“提供私人信息；减轻或克服有限理性的影响；强制或导致一种正当性需求的特殊模式；证明最终选择的正当性：其自身就是值得向往的；有利于帕累托次优（Pareto-superior）的决策；有利于通过分配正义达到优良决策；有利于更广泛的共识；（同时）增进参与者的道德或智力的品质。”

面对上述所有优点，有谁会反对协商呢？一旦动了这样的念头，协商民主的任何一种理论都应该为如何协商和为什么要协商进行辩护，即使某人最终还是选择多种程序和辩论的混合。

正如我在导论中解释的，在我的协商民主模型当中，对“为什么需要协商”的首要回答就是为了弥补合法性缺失（legitimacy deficits）。我们也可以追求在导论里提到的其他有价值的目标和改革尝试，但是如果不能用一种理论解释协商民主能够增强合法性，那么其他的追求价值也不大。当然，我们可以不费吹灰之力解释说我们已经具有充分的协商民主了，让那些反对者们去怀疑这个并非真实之事。但是哈贝马斯把协商民主理论开启为自己的事业，关于法律话语理论

(discourse theory of law) 的整个立足点就是为了弥补合法性缺失。我们可以为政治自由制度的基本功能感到满意，或者稍微带一点乌托邦的色彩，以期实现真正的大众主义模型的协商民主。不幸的是，像阿克曼（1991，1980）、哈贝马斯（1996）和本哈比（2002）等的协商民主双轨二元论者（the two-track dualisms）倾向于法律在常态政治(normal politics) 中发挥主要作用——他们明显认同合法性取决于人民主权，即阿克曼所谓的革命政治所带来的结果。但是，常态政治必须对向革命性政治这种范式转移的苗头保持高度敏感，这些苗头性问题的往往出现在（政治）边缘，尚没有被动员化和政治化（政治）中心熟悉的语言表达出来，对双轨二元论者来说，协商似乎应该在这样的（政治）中心进行。像我这样的论争性的大众主义协商民主者(Agonistic populist deliberative democrats) 在努力探寻一种机制，使（政治）中心更加开放，更少受到精英理性形式的控制。

本书欣赏的协商民主模型

在这里我将支持协商民主的哪一种模型呢？我已经表明，与精英主义（elitism）模型相比，我更倾向于大众主义模型，而且我相信应该用协商去弥补合法性的缺失，不过，为了完善我主张的模型，我将做进一步的讨论。

首先，对我来说，哈贝马斯的标准要求有时太高，他认为“只有在讨论过程中得到所有公民认可的法案才有合法性”（Habermas 1996，110)。然而，我相信菲什金的洞见：“我们要在能够深思却具有反民主能力的精英和肤浅的大众民主之间进行选择”是一个“错误的两难选择”。尽管对菲什金希望平衡的“政治平等、多数暴政和协商”三角关系（trilemma）来说，他的改革建议太过温和，但他构建这种三角关系的紧迫性却让我铭记于心。解决他的这些问题有赖于协商过程中发挥更强的制度的作用，甚至麦迪逊式的代议制政府也必须发挥作用，哪怕这样并不能带来协商性决策。正如我业已表明的，我的研究起点是菲什金协商民意调查的一系列试验。

哈贝马斯（1996，362）认为“政治民意调查只有在活跃的公共领域经过激烈的公共辩论并形成意见，才能一定程度上反映‘公共舆论’”。他认为我们只能“将人们在权衡相关的信息和争论之后将要表达的东西”称为“偏好”（336）。运用这样的标准，菲什金（1991，1）发明了他的协商民意调查：“如果能够就讨论的问题为公众提供一个更加充足的思考机会，协商民意调查就能展示公众将如何思考”。通过对参与投票公众的信息缺乏程度和反馈不足程度的特别关注，菲什金希望创造一种协商的情境以矫正大众民主带来的一系列问题。在他的试验起步阶段，通过随机分层抽样挑选一小群公民，让他们在一个类似陪审团的环境中就一些给定的政策问题进行协商。他们能够获得一些信息材料并且要在政客们主导的全体会议中暂时回避。协商的过程中参与者的偏好被记录下来，这样就能清楚地看出协商是怎样改变公民偏好的。

“协商性民意调查是非常有价值的，因为它反映的不是专家或学者的声音，而是人民自己的声音。不是因为人民已经了解了协商的政策问题，而是因为他们应该对协商的政策问题更加了解，并且有机会对此作出深思熟虑的评判。”（Fishkin and Luskin，1999，6）因而，“协商民意调查的关键是规范性的，而不是断言性的。其结果具有规范的效力，因为它是人民在他们有机会思考政策问题的特殊条件下反映出来的声音，这种声音值得决策者聆听”（Fishkin，1991，4)。协商民意调查的首要任务是实现独立决策（而不是共识)，在考虑个体的私人偏好时应始终保持公共关怀。经历了这样的协商过程以后，这些参与者不仅增长了见识，而且更加注重他们在公共事务上扮演的角色。[①] 毫无疑问，有的问题需要听取专家的意见，但是大量的问题可以从不胜任的法官和其他精英手中解脱出来，人民自己就有能力解决。哪怕为了确保民主的可信性，有必要对其采取某些限制，但民主也应倾向于聆听人民某些有组织的和慎思的声音。限制是首先进行权力分立的一个原因，人民需要他们自己的声音，需要有完全属于他们自己的权力，而不像现在代议制体制通行的那样，人民只具有部分分享商讨的权力。正如我在接下来的两章中将要探讨的，权力分立不仅能够使民主的未来与现在的代议制政体保持连续性，而且更具合法性。

因此，较之于菲什金，我对直接民主的可能性更感兴趣。我认同对超大型公民投票模式的普遍怀疑：“在人民尚未真正处在思考如何行使权力的位置的情况下给他们权力，这是一种值得怀疑的成就”(Fishkin，1991，21)。但是，广泛使用菲什金的程序来制定现实政策而不仅仅是传播信息和汇集公共意见，将会缓解对复决程序的明显批评。协商民主的捍卫者可能主张每个公民都必须参与对话（尽管他们可能不会这样做——我们从来就不知道有什么制度能够满足话语理论的胃口，但这种条件太过脱离现实而不值得重视)。当然，它肯

① 这不仅仅是推测。不管是 Fishkin 和 Luskin (1999) 还是 Button 和 Mattson (1999)，都表明协商的情境 (deliberative situations) 使公民对政治事务更感兴趣。

定意味着每个公民的协商都必须是现实的，而不是虚构的（Michelman，1997）；议会和最高法院尚不足达到上述目的，依然给我们留下了合法性缺失。所以，菲什金的试验不仅提供了一个近似把一定程度的代表性协商输入政府过程的合理的模式，而且将他的协商民意调查激进化，使其与政治机制的结合更加制度化，可能是实现协商民主某些引以为豪的目标——合法性及一个能创造政治对话的信息公开的公共领域——的一种重要途径。

在前面一章，我已经列出了对标准的复决和创制程序的三个主要批评：（1）他们倾向于弱势群体并且结果有偏（表现为自愿性回应的问题）；（2）他们对受金钱操纵的利益集团的依赖让人难以接受；（3）因需要考虑的材料不透明而带来的问题。菲什金协商民意调查的激进化（对此作适当的调整，比如强制性服务）能够解决上述每个问题。首先，通过随机分层抽样的强制性服务可以解决在直接民主投票者中缺乏代表性的问题。其次，协商期间对各项建议的审查确保了不受政治口号的干扰，这样就减少了巨额媒体广告活动对投票者的影响。最后，信息充分的全体会议和研究材料，加上在协商民意调查小组上的进一步询问，能够确保人民至少理解准备商讨的法案。将协商会议嵌入立法过程为公民参与决策提供了机会，避免了复决和创制的许多弊端。毫无疑问，我的建议也会留下一大堆新老问题。我希望能够让人们相信这种平衡是值得的。

菲什金最终压制了他设计的协商情境的巨大潜能。由于他不相信直接民主，所以他展现了一个与目前代议制模型差异巨大的协商民主模型。首先，他只希望把协商性民意调查作为对潜在候选人的“初评”，关注协商性民意调查取代的初选的能力（Fishkin，1991，8，

96)。专注于主要的选举转移了对部分问题的注意力：只要公民把政治当作一项体育赛事，那么政治将永远是旁观的和有偷窥欲的。如果议题和政策要成为中心环节，那么让公民讨论这些议题和政策就比讨论个人魅力和政党更有用。这就是正如本书建议的，在协商会议上应该忽视特殊的政治个人魅力的原因。在其他权力部门[①]，个人魅力和政党获得众多的关注，所以在这里我对它们关注甚少并不意味着忽视它们或者否认个人魅力对普通政治——或者用阿克曼（1991）的话说就是“常态政治”——的作用。

最近，协商性民意调查已被组织起来处理地方性和地区性乃至全国性的议题，但与任何选举和创制建议无关。尽管在理想的政治体系中，这些收集起来的公众意见应该能够提醒政策制定者了解他们的选民在掌握了更多信息的条件下会如何思考，并且促使他们按照选民的想法去做，但是协商性民意调查的结果现在还没有这种约束力。我在这里提出的建议便是试图令大众主义的协商结果对政策制定者具有约束力。

当前，菲什金对媒体提高其协商性民意调查的政治重要性（Fishkin and Luskin，1999，5）寄予厚望——这让人想起哈贝马斯（1996）把媒体称为第四种权力。尽管媒体对协商网络的关注至关重要，一直到协商性民意调查对政策发挥直接的影响为止，但是只有公共电视才有可能对此加以报道。在全国范围具有约束力的关于同性恋婚姻的协商会议结果会同时在三个主要的电视台播出，国情咨文讲话

① 行政、立法和司法部门。——译者注

经常采取这种方式。①

明尼苏达州的杰斐逊新民主程序中心（the Jefferson Center for New Democratic Processes）已经计划并试验了由 12 至 18 个人组成的选举陪审团监督总统竞选，并作出公共举荐。他们还试验了“政策陪审团”，审议了诸如器官移植的伦理等议题（Fishkin，1997，97）。② 我想这些举措鼓舞人心，我们应该继续关注这些陪审团做出的决策，这样我们就能够说服自己相信普通人能够比现在在更大的范围上进行自治。③ 但是，没有一个试验有更大的雄心。我想充分发挥这些试验单位（these units）的作用，把它们纳入到关于政策的制度化决策过程当中，而不是纳入关于政治的制度化决策过程当中。一旦把它们深深地纳入决策过程，它们将会表现出协商的许多缺点（比如听命于专家的意见），而体现不出它的优点来（比如更强的合法性和更多的公民德性）。不过，借用哈贝马斯主义的话来说，在共和政体运作过程中，“意见形成”（opinion-formation）只是立法需要关注的一个方面。对源于公民呼声（the civil voice of the people）的法律而言，客观的“意志形成”（will-formation）应该更为关键。达到客观的“意志形成”的途径是通过旨在形成意志而不是意见的大众主

① 当然，不仅允许公民保持他们的身份隐私，而且有必要在协商之前和协商期间保持他们的隐私，以避免他们被利益集团的游说和其他活动所操纵、贿赂或受到人身攻击。有关私人性和公共性的困境问题，请参见第五章。

② Ned Crosby，Jefferson 中心负责人，已经公布了大量试验，我在第一章和第六章都有讨论。

③ 关于陪审团的能力问题，即使许多人倾向于对这个问题进行规范性研究，但是已有的经验研究和著作也非常振奋人心。第六章把焦点放在陪审团问题以及协商的优点和缺陷给我们启发的问题上。

义协商程序。[①]

菲什金（1991，37）明智地推荐了达尔的观点，即要考虑到时间一直是协商的限制因素。“做决策的时候，时间一直是重要的问题。”（Elster，1998，6）所以，我们不必为协商会议最后必须投票感到惋惜，这是菲什金在他的协商性民意调查中倾向于避免的情况。实际上，协商之后的投票从亚里士多德的立场来看是有意义的（1985，iii2a13－iii3a15），该立场认为协商最终必须是关于做事的活动，[②]而某些要求讨论必须在逻辑上周延的理想化的程序主义者则会否认这点。考虑到时间的因素也就找到了拒绝达尔（1970，1989）和德莱昂（deLeon，1997）的改革建议——征募公民监督行政官员——的基本理由，因为常识告诉我们让公民用一整年的时间来参与协商是不合理的。

其实就连哈贝马斯（1996，340）都意识到“‘协商’辩论的实际过程偏离了协商政治的理想程序”。事实上，当他宣称理想言论情境的整个概念是“方法论的虚构”：“即使是在最好的条件下，也没

① Manin（1994）认为我们应该专门依协商意志形成而定，因为那是共和制合法性的唯一来源。我不赞同Manin对协商的固执理解，但是他的著作非常重要，他表达了一个非常好的观点，那就是协商在意志形成中的重要作用。极端的哈贝马斯主义者对此问题也很敏感，提出了一个更加合理的看法（反对哈贝马斯在分散的实践中需要达成全体一致的共识）：“在适当的程序规则下进行的协商，其中有价值的是那些能够带来更多支持的观点，而不是那些能够说服所有协商参与者的观点”（200）。但是参见Mueller 1996，180－87，Mueller则认为如果共识是不现实的，次优的选择就是争取绝对多数，而不仅仅是简单多数。绝对多数及其在我建议中的作用请参见第五章。

② Aristotle（1985，Ⅲ2a13－Ⅲ3a15）认为“通过‘开放协商（open to deliberation）’可能，意味着我们应该与常人，而不是傻瓜或疯子协商。”Aristotle还认为：“没有人就永恒的事情进行协商……我们通过自己的自由意志达到协商的结果……结果不明而且正确的协商方式不明。当我们在许多议题上无法相信自己的判断‘正确的答案’能力的时候，我们可以借助协商过程中其他同事的智慧”。我们不是就目的来协商，而是协商如何达到目标的手段”（Ⅲ2a23－Ⅲ2b13）。

有一个复杂的社会符合纯粹的沟通关系模型”时，他进一步推进了这种观点（326）。然而，哈贝马斯让我们继续讨论理想条件，因为“理性对话的前提假设对辩论过程具有导向作用”（340）。如果事实如此，那么理论家仍然值得关注以帮助我们设计更好的协商形式。但是，他们往往并不关注那些有助于他们实现一个更审慎的共和制目标的可能方案，而是陷入对理想条件的担忧。

在详细讨论我的建议之前，我想简要地讨论一下旨在“最大化”协商的一个理论公式；我希望把某些有关理性的理想条件现实化，这些理想条件有时更多的是限制协商而不是促进协商。正如我希望在本书阐明的，如果考虑协商民主如何得到实际运用，那么协商民主理论就会更有价值得多。诚如巴伯（1990，193）所言：“在克服政治的不确定性和在增加理性的合理性的过程中，与其说他们（哲学家和理想的话语理论家）启迪了我们的政治判断，不如说他们符合了启蒙的观念。”

协商最大化的有关条件

乔舒亚·科恩为奠基和更好地描述某种协商民主理论提供了一些哲学工具；关于理性的作用，我会比他更少一点基础主义（foundationalist），来探讨我们将如何设想一个更加具有现实性的协商民主理论。有些人（包括科恩）认为如果不借助强大的理性观念，协商民主整个架构将会崩溃。我希望在这里探讨如果没有理想条件的高要求，我们应该怎么做，因为我对理性专制（Reason's tyranny）及其内含的精英主义深表怀疑；我认为在民主体制下不需要把合法性建立在理性主义的基础上。这样的无叙事（甚至是理性高于一切的叙事），这样的善的生活恰好是阿克曼（1980）等人首先不允许在政治公共领域讨论的话题。相反，我赞同哈贝马斯结构性的公共领域理念，该理念为道德异议和特权诉求（claims of superiority）留下了空间。我们应期望看到非理性的声音在公共领域充满活力。一个具有一定合法性的公共领域至少应试图了解人民并且知道什么是他们认同的关键，哪怕这样意味着给某些人表达他们（受错误思想指导）的特权诉求提供了讲台。

首先，对话理论被认为是后形而上学的。所以，哈贝马斯对人民是否是合法性的真正源泉摇摆不定，尤其是当人民的推理和协商并未带来理性或完全公正的结果时更是如此，这就削弱了他把民主对话作为合法源的作用。在这里，完美的制度程序将产生完美的平等结果的信念对我们没有约束力：这一信念使许多协商民主主义者感到头痛，他们不愿承认缺乏实体（不管意味着什么）的完美程序并不能确保完美的结果。哈贝马斯对科恩的批评完全可以帮助我们在哈贝马斯自己动摇的地方站稳脚跟。我的结论是，当受其他制度制衡时，大众主义协商程序具有相当的合法性，这个理由是让我们对它进行尝试。

最大化协商

科恩列举了真实的协商提出的五个条件，我在利用协商民主理论时需要对之加以限定，主要是因为这里使用的协商情境不属于理想类型。相反，它只是建立更好、更强民主的工具。和科恩（Cohen，1997，85）一样，我想说法律通过公共讨论达到正当性之类的话，但是因为在我的建议里终将允许其他非协商的政府部门的存在，所以公共讨论和辩论并非完成该项任务的唯一方式。

条件一

科恩关于协商的第一个条件就是协商必须具有连续性、独立性和无限的延续性（Cohen，1997，72）。这是我所主张的政权的基础，也是任何共和形式政府的先决条件。在我所主张的政权中，每代人都有权改变他们的想法，修改或废除他们的法律。任何一个由公民陪审团决定的政策不具有永久的效力（协商应该具有连续性），政策协商也不能直接由外力操纵或者取决于外力（比如金钱，权力等等）（协商应该具有独立性）。[①]

值得注意的是，协商过程的无限度性内部蕴含着对这种理想程序的一种损害。如果理想程序偏向于协商，没有任何特殊的协商会议可以做出具有决定性的决策，那么我们就必须把现实的协商看作始终处于中间状态，总是努力为过渡时期寻找解决问题的可行措施；然而，现实的协商必须做出决断——哪怕是暂时的。比方说，协商性法律可以在某个固定的时期有效，然后定期废止。在连续的自我立法过程中，某协商机构对某项确证行为作出暂停三年的决定很可能是下一个协商陪审团需要继续推行的社会试验。

条件二

第二个条件稍微严格一点。科恩认为协商机构的成员必须承诺

① 这并不是说参与者不能为个人或团体利益辩护；而仅仅是说必须保证协商独立于协商团体之外的组织化力量的影响。

“在使协商成为可能的制度范围内活动，并遵守通过协商制定的规范。对他们来说，在平等中自由协商是合法性的基础”（Cohen，1997，72，我的强调）。这是一个相当严格（并且循环论证的条件，但在我的建议中这个条件变得宽松多了。协商中确定的规范并不是合法性的唯一来源，因为并不能期望每个政治行动者都遵守协商决策的要求。

关于这个难题，米歇尔曼（1997，152）把注意力转向理想协商程序的“自由”与“义务”层面的内在紧张关系，以此来攻击协商民主。他为协商民主主义者正确地指出了在协商程序中法律效力的范围，但接着他就反问协商民主主义者，怎样为必须总是实行强制的公民政府进行辩护，怎样为必须总是为协商政体提供能促性条件的公民政府辩护。如果我们考虑到程序的因素，认为只有程序才是所向无敌的，那么这些程序本身必须来自于协商之外的某种其他过程。当协商民主主义者［如哈贝马斯（1996）和罗尔斯（1996）］用他们的“同源命题”（“co-originality thesis”）作为对上述问题——协商和受国家保护的权利在同一“观念的”时间（“conceptual” time）里出现——的反驳时，留给我们思考的是这种观点如何保持前后一致。协商政治不具有天然的合法性（self-legitimating），离开了其他运行良好的机制就会不可信赖。

在本节，我不能一一涉及米歇尔曼关注的所有问题。毫无疑问，如果他对协商民主主义者的嘲讽是正确的，那么他所说的大多数东西也是正确的。但正是因为我认为许多协商民主主义者应该会认同我这里所提的建议（至少是这些建议的基本要点），协商民主的实施可能会比它的理论上的证实更有说服力。比如，“马克·沃伦证明，协商民主因其具有功能属性而需要有一个权威的要素”：有太多的小众

（达尔所提建议的正式名称）或政策论坛的决策需要考虑（deLeon，1997，120；Warren，1996）。当然，这是另一种回应米歇尔曼的指责的方式，就像我在这里做的一样，即一定存在其他不以协商为基础的对权力的合法运用。

为了回应米歇尔曼的批评，协商民主主义者应该承认，遵循确保协商成为可能的一系列制度一定会限制协商者自始至终根据通过协商达成的规范来调整自己的行为。当然，违背最低限度的平等要求和忽视对全体公民的尊重，协商同样会误入歧途，做出践踏自由原则的决策。所以，我将把条件修正如下：协商机构的成员意识到他们决定的政策是为了整个社会，而不仅仅是为了他们自己，意识到他们将仍然受到宪法原则的制约。（当然，他们有修正这些原则的自由。）对他们来说，在共和政体中，平等的自由协商是合法性的基础。也就是说，他们也认识到他们要向一个巨大的分权与制衡体制负责，这一体制通过较低层面的大众政治形式（*forms of less popular politics*）获得其自身层次的合法性。繁冗而复杂，但这恰恰是政治生活。

条件三

科恩关于协商民主的第三个规范性特征（条件三）需要被完全抛弃。他论证说（1997，72）（“真正的”）协商者“不会觉得某些特殊的偏好、信仰和理想具有强制性”。这种不切实际的条件可能只有在某种价值同质的理想（应该指出不是我认为的理想的）环境中才能获得。人们应真正地意识到世界依赖于某个政策决定，这种情况完全有可能，甚至有时是可取的。具有坚定信仰的协商者应该受到鼓舞，而不是被告之其协商行为“不合时宜”。因此，哈贝马斯关于政治协商之后没有输家的希望是荒谬的。根植于哈贝马斯和科恩的共识计划（programs of consensus）的是全体一致（unanimity）的目标（或目的论），尽管哈贝马斯意识到这样的全体一致可能只是一个“方法论上的假设”。只有无政府主义者和极权主义者才会真正认为全体一致是一个值得追求的目标。[①] 其他人都会意识到总是存在被忽视的关于认同的斗争，在“政治命令”（political mandates）的表象下潜藏着分歧。在一个复杂的社会里，始终会有一些团体和个人与国家存在争论性的关系。所以，希望在于，协商政治有助于获得更多不同的声音，达成更好的妥协，而非共识。这就是论争性政治哲学的核心要义——我的建议正是从这里获得了灵感。

条件四

条件四最适合我利用：“鉴于民主社团（a democratic association）的成员把协商程序作为合法性的来源，那么他们社团的条款（the terms of their association）不仅是他们协商的结果，而且对他们来说也是明了的这一点十分重要”（Cohen，1997，73）。和往常一样，这里我们也必须把把“来源”（the source）这一短语替代成要求低一点的“来源之一”。

在科恩的公式里，条件四也包含了一种微妙的认同，即“同意非协商机制作为在协商行为与结果之间建立明显的关联的制度”（73）。如果行政机关和立法机关的代表漠视协商者的“利益表达”，那么就可以上诉至司法机关，要求做出协商决定。这样的结果必须是

① 参见 Wolff 1970 年倡导全体一致的直接民主的代表性观点。

有强制力的，并且要求采取强制措施。

最后，使共同体的条款明晰易懂仅需要参与者明白这些规则。协商一旦以我设想的方式实现制度化，那么让参与者明白其所在社团的条款应该就易如反掌了。

条件五

最后一个条件最抽象，但可以说也最没争议。条件五要求“成员们彼此承认都具有协商的能力”（Cohen，1997，73）。这个条件没有要求大公无私的“关怀”（因为人们将始终倾向于个人或团体利益——而且作为一种自由原则我们不应该阻止人们这样做。）但是，它要求平等的“尊重”，假设人们不会愚蠢到不能自治。平等的尊重应该足以让人们相互尊重地交谈，这是协商的必要条件。

某些局限

但是，科恩还提供了他的协商程序公式的另一面，这对解释协商的某些局限大有裨益。他（1997，73）认为，“有必要制定一项议程，提出解决该议程中问题的替代方案，用理由支持这些备选措施，并且最终决定一个备选措施”。颇为吊诡的是，在我的现实化的制度模型中，几乎所有这些方面的问题都需要非协商机制来解决。议程制定很大程度上掌握在精英和公民社会的手中；提出解决方案将依靠专家；提供系统的论据，智囊机构比公民做得更好；最终决定始终需要一个聚合的终点；即使事先进行了协商，秘密投票也不属于协商。

甚至协商民主的程序主义者之父哈贝马斯，也敏锐地意识到科恩的设想具有整体主义属性。哈贝马斯反对科恩的焦点在于，科恩假设协商能够引导整个社会。与之相反，哈贝马斯希望将协商程序“作为一个独立的、按宪政原则组织的政治系统中的核心结构，但不是作为所有社会制度的模式（甚至不是作为所有政府制度的模式）”（Habermas，1996，325）。这一论述与大多数人所认为的哈贝马斯的真实想法相左，即协商应该渗透到生活的所有领域。但是哈贝马斯认同“民主程序必须嵌入到它不能自己来规制的环境中”（305），从而避免了米歇尔曼等人（以及这里的我）的循环反驳。本书——尤其是第三章和第四章——试图提供一种制约与均衡机制，用协商政治来弥补当前合法性的缺失。同时保持其他部门和权力[1]作为合法性的替代性来源。以此理论为基础，我可以继续探讨在这里被认可的特殊的改革形式。

① 主要是立法权力部门、司法权力部门和行政权力部门。——译者注

第三章　捍卫分权：进步论者的失败

我主张的协商会议必定会让人想起托马斯·杰斐逊关于选区体制的设想："将国家划分为多个选区。"杰斐逊曾经总括他最有价值的政治理念，但是这一理念既不被他同时代的人所理解，也不被后人所仰慕（Arendt，1965，252，引自 Jefferson，1984，1381）。杰斐逊将各选区和各种小型的政治辩论会议，看成是共和政体的基石。选区也是公民培养自身政治能力的地方，"在这里，每个人都是选区共和的参与者……人们会觉得，他每天都在参与政府事务，而不仅仅局限在一年之中的选举日。"（Mattson，1998，3－4，引自 Jefferson，1984，1380）虽然强调公民之间小型的地方协商论坛的教育功能，但是杰斐逊同时也唤起了一种参与的观念，强调公民参与和公民活动对于维系大范围共和政体的重要性："这种亚组织的缺乏对共和政体的维系是一个致命的威胁。"（Arendt，1965，249）但是选区不是用来强化地方主义固有权力的工具，也不是用来进行动员的手段，虽然利用这一组织将会使动员更加方便。它们的作用是促进一国之内公民能力的普遍提升。

杰斐逊（1984，1380，1399）希望他的选区能够树立一个真正的榜样，在这里，“权威具有等级结构，一切都以法律为基础，每个人都拥有作为代表所享有的相应的权力，政府真正建立一个权力制衡体系”。他承认人民拥有部分（即使不是全部）主权，因此需要有一个平台，人民在那里能够像君主一样行动。而且，人民手中的权力“可能是防止公共权力被滥用的最后屏障……虽然秘密投票在那时还没有实行，但是杰斐逊至少已经预感到，如果承认人民拥有公共权力，同时把他们的公共空间仅仅局限在选举与投票活动上，那将是非常危险的事情”（Arendt，1965，253）。杰斐逊认识到了孟德斯鸠曾经认识到的问题，“只有权力才能制约权力。我们要说，否则或者使权力毁灭，或者使其软弱”（Arendt，1965，151，引自 Montesquieu，1989，155－56）。像这些思想家一样（当然不能和他们相提并论），我希望强化权力分立体制而不是削弱它。在此我试图构想一种杰斐逊式的选区体制，把它整合进分权体制框架之内。然而，我的这一制度设想将受到维护现行体制的基本框架的制约。

虽然杰斐逊认为“将‘众人’划分到多个协商机构，在那里人与人之间能够彼此信任”至关重要，但是对于他的这种“基层共和体制”所具有的“特定功能”，他却保持着“特别的沉默”（Arendt，1965，254）。我设想使这种体制更加完善，赋予它一种“权威等级结构”，同时充分考虑到分权的实践。

非革命的过渡？阿伦特的启示

需要强调的是，我对杰斐逊的思想实验所做的详细论述完全能够被整合进我们当前的体制之中，虽然汉娜·阿伦特（1965，252）在《论革命》一书中引用苏联的选区作为先证，坚持认为杰斐逊的委员会制度必然具有革命的倾向。阿伦特努力将选区体制——以及它为公民权力和公共空间的复苏提供的可能性——解读成一种全新的政府形式。即使是在美国独立战争时期，这种政府形式也没有成为现实，部分原因是它太具革命性了。对她来说，即使不考虑杰斐逊的构想，选区体制也会为公民提供一个公共空间，在那里公民能够发现和实践公民公共自由。这种协商论坛为公共幸福（public happiness）创造了可能性，同时也创造了一种怀古似的繁荣盛况，这种盛况犹存希腊韵味。具有讽刺意味的是，在阿伦特看来，这种怀古情节也完全是由革命精神构成的。

因此，她坚持认为，杰斐逊一定知晓他自己所构想的“想象的共同体”所具有的极度革命性。她提醒我们说，“值得注意的是，在杰斐逊的任何正式著作中，我们没有发现关于选区体制的论述，更重要的是，在他生命的尽头，几乎也没有任何书信果断地提出这一主张”（Arendt，1965，253）。因此她从杰斐逊那里看到的是一种暗示，即永远也不要尝试正式地讲清楚这种选区体制所具有的深刻意蕴：“这种意韵的含糊绝非因为它本身无法被说清楚，而是因为它可能暗含了一种深刻内涵，超越了杰斐逊的任何主张的概括。杰斐逊在他的后期著作中阐明了这些主张，它们充实了杰斐逊最具价值内容，即关于美国革命的回忆，这些主张并非仅仅是对现行体制的改革或者修补，而是一种全新的政府形式。”（Arendt，1965，258）

不过，这一章（以及下一章）所要表达的是，设立公众部门在某种意义上仅仅是一个改革，一个对现行体制进行修补的改革，但是它们将产生革命性的影响。这一章（以及下一章）也将重点指出，仅仅对分权体制框架进行微小的改革，而不需要暴力性与毁灭性的革命改造运动，就可以将公众部门整合入其中。“进一步削弱地方协商委员会的潜力是一件诱人的事，但是按照杰斐逊的主张对其进行改革更明智。‘这样做只有一个目的，用不了多久人们就会发现它们是最好的方法。’”（Arendt，1965，283，引自 Jefferson，1984，1380，1399）我也用同样的方法展示，对分权体制的改革是必要的。这样一种改革还需要促进公民之间的对话与交流，但它是第二位的；首要目标是弥补合法性缺失。

共和体制中自我选择存在的问题

我们从阿伦特那里还可以发掘出更丰富的意义。如果她对杰斐逊的解读是正确的话，那么她的解读会使人们更加清楚地认识到：我设想的并非杰斐逊式的公众部门。首先，她赞扬杰斐逊的构想里所具有的贵族内涵，这种内涵在我的改革计划里很容易避免。阿伦特声称（我想是赞许），用选区共和作为政府的一种形式“将导致我们今天已经理解的普选权的终结。只有那些自愿献身“基层共和”的人，才有权知晓共和事业的进展情况，他们关心其所在社会的境况，展示出对公共幸福的关心甚于对私人幸福的关注”（Arendt，1965，284，emphasis added）。

当然，正如我将继续强调的一样，在我关于“基层共和”的设想或协商会议中，参与并不具有自愿性，因此它将避免阿伦特所描述的政府形式的贵族化倾向。对阿伦特来说，她并不介意政治领域进行自我选择，因为她在乎的是“自从古代世界终结以来，我们享有的一种最重要的消极自由的真实性与可靠性，这种消极自由也就是免于政治压迫的自由”（284）。在我构想的体制中，自由（积极自由）与合法性在公民的一生中有时候是优先于免于政治的消极自由的。我们不要忘了阿伦特自己那句总是吸引我们的话：“自由是必然性的产物，这是一个悖论。”（54）然而，她赞扬雅典人，他们在政治服务的分配方面依赖这样一种自愿（“任何人愿意的”）的原则［principle of bo boulomenos（“anyone who wishes”）］。当他们运用随机系统选择官员时，自我任命就是必要的。我颇为得意的是强制性服务催生了自由。[①]

政党的问题

在阿伦特（1965，269）对委员会的描述里，这种委员会在革命期间总会自发涌现，委员会“对政党体制构成基本而又全面的挑战，这种发轫于革命的委员会，最后总是会反过来反对政党本身，虽然政党的唯一目标总是指向革命”。她坚持认为，“政党体制的确切性质是用人民中的精英来管理人民的政府，而不是人民自己管理自己的政府”（281，引自 Duverger，1954，425）。阿伦特用俄国革命作为她坚持“委员会与政党体制势不两立”的证据，她（Arendt，1965，261）

① 关于强制性服务的更多内容，请参阅第六章。

坚持认为委员会具有革命性的冲动，所以她从未认真考虑过将其与政党体制进行融合的可能性。

她的著作深富洞见，但是，如果政党不能控制协商本身或者至少是委员会的议程，他们肯定会有一种权力被削弱的感觉，并会为此而战斗。因此将委员会正式地整合进分权体制，也许会平息双方对权力的关注，同时妥善处理阿伦特所谓的政党与委员会之间的冲突问题。这项建议同时也会使人们轻而易举地觉察到这样一个事实，即我们认为美国政体中理所当然的三权分立制，在很大程度上只是“政党民主制”[①]。怀此幽思，阿伦特（1965，272）继续写道：“如果我们要根据当代政体所倚赖的权力原则对其进行分类，那么，比起它们和两党制之间的差别来，一党专制与多党制之间的区别就不具有决定性。”虽然在这里我并不打算梳理那些论证阿伦特的主张的政治科学文献，但是明显的事实是，如果公众部门能够被制度化，那么各种政治党派也可以参与其中而不会腐蚀它。也许现代美国政党“不能被理解为一种公众组织”，相反它很可能是非常有效的“削弱与控制人民权力”的工具（273）。但是，通过强制人们参加普通公民之间的协商事务，他们将能够在不摧毁政党的同时收回一些权力，即使此种情况会要求公众更有积极性，更富责任感（可怜的政党!）。阿伦特声称：“历史的真相是，政党与委员会几乎是同时存在的。”（275）我正努力使两者在不发生巨变的情况下和谐共存，毕竟，“分权只会使权力更加有效与稳定，而不是导致软弱无力”（271）。

① 这一名词始自 Manin（1997，193 -235）。我并不严格地在 Manin 的范畴内讨论：美国明显具有“议会政治”（Parliamentarianisn）和“真正民主制”的两面特征。但是他所坚持的两党制改变了权力分立的主张，任何一个试图把“无党派性”（nonpartisan）部门整合进政体的努力都不能等闲视之。

一些历史启示：进步论者的遗产

杰斐逊设想的选区体制并不仅仅是一个思想实验，在“进步时代”（The Progressive Era）它几乎成为现实。进步论者以及他们的“基层共和”的失败正好给了我们一种启示，因为他们未能以任何系统的方式将他们的自愿组织整合进业已存在的权力结构中。由于他们避免以一种连贯的方式将委员会整合进已经存在的政府结构中，所以这种会议组织最终只有非常有限的影响，这就最终摧毁了它们帮助形成公共意志的能力。虽然在一些教育方面他们是成功的，但是他们在为政治表达开辟一个新的场所方面却失败了，因为这种论坛变成了政治的奴隶。

“进步时代”以它“大胆的政治实验”而著称（Mattson，1998，7），它赋予现代共和政体的主要遗产乃是各种形式的直接民主制度，包括公民创制制度、公民复决制度以及公民罢免制度。虽然即使在今天，公民创制与公民复决在很多国家依旧被广泛运用，但是“进步时代”的人们还目睹了直接民主制的另一种形式的繁荣，这种形式的直接民主制现在已经死亡了。在“一战”前十年，公民在小镇上聚会，对当时的一些重要问题进行公共协商，各个阶层的人以及具有不同政见与政治隶属关系的人都参加这些晚间会议，这些会议由公共资源进行组织与资助。

旭普林

查尔斯·旭普林（Charles Zueblin），一位在“进步时代”从事协商大会运动的著名领袖，一直在自觉地“寻求一种制度，在此制度之下，处于现代化与城市化背景中的公民能够重新涉足政治这个领域”。他断然拒绝“重新提及关于古代公民的抽象理念”（即使我与阿伦特那样做）（Mattson，1998，25）。旭普林一方面努力从事城市美化的工作，另一方面作为一位社会工程师，从事阿伦特主义者的事业，即重新为政治开辟公众空间，这并非出于对城邦的羡慕。然而，尽管旭普林通过加入简·亚当斯（Jane Addams）发起的社会收容运动——赫尔之家（Hull House）而成为协商的信徒，但是他决定把精力放在与协商有关的教育素质的培养上。与简·亚当斯不同——她致力于“为外来人口和劳工阶级建立一个论坛，在那里他们可以对当时他们面临的问题进行协商与讨论”，旭普林致力于创立这样一个组织，在此来自各阶层的成年人都能够接受一种更高水平的教育，由此获得一种更加卓越的能力去从事政治。于是他开始实施大学推广工程，因为他“视城市里的大学为培养民主政治能力的摇篮”。从1891到1908年，他将全部精力都用在这项事业上（25）。

颇为矛盾的是，旭普林将大学推广视为对职业主义的矫正（antidote），当时职业主义在教育领域十分兴盛。这种职业主义教育试图“全面实施德国的教育模式”（26）。当然，这种矛盾仅仅是因为我们国家的大学附校正是职业主义教育的所在地。不过就他们的目标乃是针对更广阔的群体，因此更少“理论性”而言，他们在一定程度上还是与旭普林的初衷相吻合的。但是，当我们考虑大学附校业已占据的地位时，从“成人教育”已经远离旭普林的初衷这个意义上讲，这又是多么的可笑。因为他希望的是复苏一种巡回讲演的教育形式，这种巡回讲演因拉尔夫·瓦尔多·爱默生（Ralph Waldo Emerson）而闻名于世，而“到了19世纪80年代，学院式的讲演体制已经完全沦为商业性质的娱乐表演。它作为19世纪一种重要的大众机制，曾经孕育了中产阶级的文明举止”（26）。

如果旭普林真想再创爱默生未竟的事业，那么他的失败毫不意外。虽然他想完成阶层混合的壮举，但是要与演讲者的傲慢作斗争实在是太难。在协商之中形成一种师生关系将导致灾难性后果，在这里我仅仅强调这样一个事实，即过分的考虑协商所需的教育素质培养导致了政治参与中的反民主倾向。也许对旭普林的事业更具致命的是它的平台太具有政治性：演说者就当时的问题发表意见时总是激情澎湃；因为演说者总是怀有一种无可争论的自信，因此，即使是一种公平的方式也不能挑战他们的权威。自然，大学对这项工程的抵制与其说是考虑到学术道德与知识的过分政治化倾向，还不如说是因为害怕失掉那些令其苦恼的经费赞助商。因此，旭普林希望通过教育训练公民参与的宏图终究未能实现（28－29）。

豪与约翰逊

弗雷德里克·豪（Frederic Howe），一位来自约翰霍普金斯大学的训练有素的政治学者，也在进行着关于参与政治方面的实践。凭借良好的政治训练，他避免了旭普林所犯的很多的错误。带着他习得的政治知识，豪“深入战地”，成为著名的反社团市长——克里夫兰市市长——汤姆·约翰逊（Tom Johnson）的组织中的一名战斗成员，通过支持约翰逊在市政府方面的改革政策，作为州参议员，豪试图突破政治体制本身而对政治系统进行改革，旭普林努力尝试为政治开辟一个新的空间，豪则走得更远。因此，豪的战略是致力于“民主自治与地方分权齐头并进”（Mattson，1998，35）。豪希望杰斐逊的基层共和理想能够成为一个典型，在此理想之下重整旗鼓。而这一理想因这一箴言而长久不衰：“关键问题的决策并非仅仅来自于行政长官或者委员会，它们将直接来自于人民。”（36，引自 Johnson，1901，1）

当然，将重要问题让人民用投票的方式决定的做法，即使在加利福尼亚以外地方也并非新鲜之事。虽然公民创制与复决是进步论者通过反对社团权力控制政治过程而发明的，但是现在两者却正好变成了自己的对立面：这些活动花费如此昂贵以至于只有那些金融资本才能担负得起（Broder，2000）。然而，约翰逊通过使他的直接民主措施更具灵活性而证实了他的远见。他并不打算让他的直接民主成为秘密投票的障碍，而是认为“质询是最有价值的政治教育形式”，因此他希望直接民主具有质询的性质（Mattson，1998，37，引自 Johnson 1911b，82）。最终，他将兴趣点放在培养“集体讨论”的方法上。于是通过建立选民可以表达他们关切的帐篷会议（tent meetings），他一举成名。约翰逊知道讲演厅并非点燃公众讨论激情的合适场所，因此他致力于创建一种大型的场外组织，在那里城市居民能够在大型的广场中集会并讨论政治（他们一度忽视了天气的影响）。

但是，约翰逊在自己的项目里也表现出少许的傲慢，“约翰逊写道：‘在克里夫兰市我们项目的主要目的是教导人民决不要对政治保持冷漠。’”（38，引自 Johnson 1911a，373）。将重心放在教育上在一定程度上有它的消极方面，即它可能导致那些受过教育的人向未受教育者灌输他们认为无可争辩的政治理念。这样一种定位也容易使协商教育的目的完全脱离旨在帮助公意形成的轨道：“约翰逊有时忽视了他原本帮助的人民大众…… 更糟糕的是，他试图阻止公民投票，但最终没有成功。”（Mattson，1998，39）。对约翰逊来说，进步政治优先于民主主义的政治进程，这种政治必定削弱人民主权的理论。

虽然豪知道，将公共论坛仅局限于州以下层次的市民社会必定会削弱它们作为民主政治的有效机制的能力，但是他坚信一种散漫的启示，认为公民投票是有效的，不过他也充分认识到民意需要经过过滤才能成为法律，这正好与民主主义相对立。这种认为民意需要过滤的想法使他加入了成立于1897年的纽约人民协会。该协会“以其‘人民论坛’而闻名，在那里首先是一名讲演者面对一千左右的人民进行讲演，接下来由答疑者回答公众提出的问题”（41）。起初，由于采取旭普林的成人教育实验法，论坛具有明显的政治性，自觉地扮演着立法机关的角色。在会议结束后，那些在场的人将投票形成决议，这些决议“将被送给城市委员会的代表”，有时候政治家也直接在人民论坛发表演说，最后，包括豪在内的人民协会的积极分子在整个纽约的其他地方都建立了这种论坛（41）。豪的加入使论坛将重心放在政治行动上，而不仅仅是教育或者讨论。在论坛的早期，他们一方面成功地避免了论坛的政治化，另一方面则为公民参与和公民活动保留了公共空间。“普通市民有了一个作为公共事务的参加者而互相进行协商的机会，并且将自己看成是与知识分子具有同等能力的人。”（43）

豪大约在1915年的前三年时间里一直担任人民协会的领导，直到1915年他成为移民委员会的委员为止。他的贡献成为一种财富，在豪的领导下，乔治·科尔曼（George Coleman）于1908年在波士顿建立了“福特论坛”（the Ford Hall Forum），并邀请旭普林作为定期讲演者（43）。到1916年，仅仅在新英格兰州就有“大约一百个论

坛”，在西部与南部论坛也如雨后春笋般涌现。(44)

但即使豪干得比较出色，他也不是论坛的模范领袖，更恰当地说，他成为典型的进步论者误用协商大会的牺牲品：“他的掌控使论坛时常呈现出反民主倾向，虽然他坚信这是一个民主的公共论坛。作为政治活动家，豪所担当的角色使他有时想将论坛变成政治改革的工具，他时常希望论坛更少一点民主创制的功能，而更多的成为对改革家有利用价值的手段。”(46)

像他的老师约翰逊一样，豪没有发挥论坛作为政治控制手段和平衡政治派别的潜力，未能将他的协商创造整合进政治体制之中。

罗彻斯特

最著名的协商论坛是社会中心运动（the social center movement）的产物，该运动兴起于纽约州的罗彻斯特市。通过获得两个大党和进步党（the Progressive Party）的认可，罗彻斯特社会辩论俱乐部（the Rochester social debate clubs）避免了党派倾向，它给阶层融合以及政治行动带来了最大的希望，由于社会中心运动认识到集体的智慧是可以培育的，因此到1912年它就努力使自己融入公众圈子里去。通过给学校以补偿，运动的组织者请求使用学校作为他们晚间集会的场所，并努力使中心直接获得公众资助，随后争取政策支持。他们辩论的主题包括“直接初选、‘种族关系’……妇女选举权、‘作为政治问题的公共卫生’、劳工政治、美国在菲律宾的长期外交政策”①(57)，更重要的是，公民取代专家或者可能怀有偏见的组织者，“自

① 马特森（Mattson）引自罗彻斯特市会议录档案里的原始议程条目。

己设定议事日程”（52）。对辩论的资助也视公众参与的规模而定，“如果社会中心里哪个晚上的出席人数少于25人，那么资助就会被削减”（53）。这就确保了会议不会被金钱的诱惑所左右。

但是社会中心面临着两个严峻的问题：一个是其哲学上的缺陷，另一个是其结构上的缺陷。它的“组织序言”可以看成是其哲学上的缺陷的一个事例：

> 然而，这个世界需要的是这样的人，他们有能力进行清醒的思考，并清楚地表达他们思想。但是，虽然每一个人都拥有这样的权力，但是这些能力只有在实践中才能发展；……迄今我们的名字依旧只有陪衬的意义，我们确实需要构建一个社团，它的目标是通过辩论、短评、演说、集体阅读与讨论等形式来培育我们进行清醒思考与清晰表达的能力。（55，引自 West，1911，530）

但是，使卓越的口才成为俱乐部的首要美德必定会削弱俱乐部作为政治讨论的合适场所的可能性。如果俱乐部集会的目的是帮助成员成为更优秀的公众演说家，那么它必定会成为舞台环境中的戏剧表演。相对于其他地方进行的真实的政策讨论，这里的穷追猛问仅仅成了戏弄的噱头。

社会中心的结构性问题在于它具有自愿加入的性质。即使“根据《民主记事》的报道，在1910年新加入的会员中有25%来自于工人阶级移民或者来自于非英语人口”，俱乐部必须代表的也仅仅是其成员的特殊利益（56）。社会中心固然实现了高水平的参与，但是无论从何种意义上（有形的，选举意义上的，或者社会科学上的），他们作为代表的能力都值得怀疑。虽然通过给社会主义者与禁酒主义者同等的机会而成功地“打破了美国的两党制垄断”，但是他们从来没有获得一种正式的保证，即给予他们作为代表应有的规格（57）。

对于社会中心不可避免的悲惨命运，我们不应感到意外，组织化的宗教将它们看成是无政府主义的组织，因为其中没有女性的存在，他们与政治精英联手尽力摧毁“社会”运动。政治精英感受到了威胁（正如阿伦特已经预言的那样），于是撤走资金援助。新闻记者担心演讲者陷入一种无法接受的摇摆境地，他们一方面想代表那些不能思考的人的心声，另一方面又想与那些为他们自己利益说话的发言人沆瀣一气。一次世界大战仍在进行时，社会中心已经衰落了，它已经从集合民意的手段变成了操纵民意的工具（106）。

整合的需要

进步时代的参与式民主拥有它自身的魅力：“在西奥多·罗斯福宣布他成为进步党的独立候选人之前，他就认为社会中心应该成为‘人民的参议院’”（66）。在20世纪20年代，“克拉伦斯·佩里（Clarence Perry）认为，社会中心的主要目标是‘消解阶层和种族的对抗性’”（Mattson，1998，70）。在社会中心里，“基督教妇女禁酒联合会主席和一位波兰女洗衣工发现她们可以和一位大学教授以及一位日班清洁工之间进行辩论”，这种情况让人们确信阶层混合的某些目标暂时得到了实现（Mattson，1998，70，引自 Perry's Ten Years of Community Center Movement）。

但是，进步论者建立基层共和的尝试最终还是因为一系列原因失败了，在这里我要强调的一点是，他们的协商会议从未系统化并整合进我们的分权体制中。这些论坛总是成为教育与动员的场所，但对形成与集合有代表性的公众意志并没有系统性的贡献，它们是自愿性的组织，没有什么强制性，这些教训代价深重，但他们的错误其实是可以避免的。

第四章　分权与制衡

现在回到制度设计的话题上来，伯纳德·曼宁（1997，5）将大众会议公众大会的起源追溯到久远的年代，并且指出："在古代世界——特别是雅典时期——所谓的'直接民主'，公众大会并非垄断了一切权力，其他机构实际上也履行了某些重要的功能。"某些事情只有执政官才有能力解决，即使是公务人员，大部分也是通过随机的方式选择出来的（14）。一个显著但往往被忽视的事实是，在雅典，这套随机选择官员的机制具有自愿性：任何人可以放弃担任官员从而放弃为他的城邦服务（16，引自 Montesquieu，1989，10－15）。这就形成了一种内蕴着贵族元素的大众主义政府形式，阿伦特将其精确地称为杰斐逊式的共和政体。

但是一个混合政体——这种政体兼有平民政治与寡头政治，民主政治与贵族政治的成分——最重要的特征也许在于它混合的性质。我们最初的立宪设计者、美国建国之父的头脑里具有良好的混合政体观念，他们是“在政治理论方面风趣幽默而学识渊博”的思想家（Arendt，1965，117）。“亚里士多德认为，通过混合民主政体和贵族政体，可以获得一种比那些仅仅是由单一的成分构成的政体更好的政体。运气、选举以及财产资格正好形成了这种混合。”（Manin，1997，27，引自 Aristotle，1984，1294b11－14，1300a8－b5）对于各种政体怎样混合才比较合适，亚里士多德有他自己的设想，这些设想与我们的自由主义未必一致。但是，孟德斯鸠触及了自由主义的核心，他继承了对混合政体进行研究的传统，他使我们相信，混合政体与自由主义事业并非对立：对于维系稳定而言，它肯定是有价值的，正如权力分立一样。通过在他的政体类型学内的调适和杂交，孟德斯鸠发明了一种权力分立的观念。至于从孟德斯鸠到美国建国之父的历程，我们悉数于心，无须追忆。作为最明显的例子，英国的君主立宪制表明民主化历程并非必定意味着“权力交给人民”（power to the people），君主立宪制也是对关于主权不可分割的理论的否定。它表明，主权可以属于多个能够行使政治权力的机构，这与布丹和霍布斯的原则是截然相对的[①]（Manin，1997，45），同样也与卢梭的原则相冲突。

在混合政体的各种可能性中，我们现在知道的是：“混合政体是这样一种政体形式：它同时综合了君主政体、贵族政体（或寡头政体）以及民主政体的成分，这三种成分的综合是这种政体具有惊人稳定性的原因，如果除掉其中君主政体的成分，那么，实行选举可以被认为是一种混合体制。”（155）正如曼宁（Manin）指出的那样，

① 曼宁（1997，45）指出，“混合政府的观念恰恰与布丹与霍布斯阐述的关于主权不可分割的现代理论相对立”。

选举蕴含着民主政体与寡头政体的两种成分，他提醒我们，从词源学上看，“选举”（election）一词与“精英”（elite）一词是相同的（140）。孟德斯鸠（1989，13）也认为，通过抽签的方式进行的选举具有民主政体的性质，而通过投票的方式进行的选举则具有贵族政体的性质（与阿伦特的类型学形成对比）。至于为何如此，孟德斯鸠并没有给我们一个良好的解释，虽然曼宁对此感到失望，但是他也承认，并不需要哲理性的解释而仅仅根据经验主义的事实就可以看出，至少美国的代议制选举证实了现代选举具有贵族性质。此外，语言学上的事实也支持了这一看法：“在一系列术语中，同一个修饰语既用来指称一个卓越的人，也用来指称一个‘通过投票的方式’选举出来的人。”（Manin，1997，140）

我关于设立公众部门的建议对代议制选举所固有的贵族性质具有明显的矫正作用。虽然约瑟夫·熊彼特（1942）坚信大众往往没有涉足政治的意愿，更不必说进行政治辩论。[①] 但是没有任何规范的理由要求我们仅仅只满足于熊彼特式的最低纲领[②]，与之相反，在此我们可以思考如何运用随机选举体制，这种想法在我们的建国之父那里早已有之，但他们却从未认真思索（Manin，1997，80）。我的建议一方面通过维系作为公众委托人的代表的独立性而满足了麦迪逊和联邦党人的要求，另一方面通过将国会从一种新的权力中分立出来而满

---

① Riker（1982，239）认为，大众主义“依赖于通过投票形成的公意的存在，但是如果投票无法揭示出公意，或者人民以毫无意义的方式发表意见，那么大众主义作为一个概念，其内涵将会空洞无物”。但是通过协商会议这个平台形成的真正的公意以及提供表达的机会将证明大众主义并非虚构；只要有合适的机会，人民就会表达并形成他们的公意。Riker 的错误在于，将投票看成是公民表达与形成公意的唯一方式。

② 熊彼特的民主观仅要求人民定期参加投票与选举。——译者注

足了反联邦党人的要求，这种新的权力属于一个专门设计为更加直接的代表公众意愿的机构。[①]

作为引论，本章仅仅将美国作为讨论的案例，这将会使各个细节更加清晰。在美国的政治体制中，已经存在着比较松散的三个管理机构和通常被称为第四部门的媒体。一个严格的三权分立体制将使麦迪逊主义成为必要，而一种加利福尼亚式的民主政治[②]则未必如此。我很清楚自己是在前人已经涉足的地方继续前进，但是即使撇开美国政治的具体事例不谈，我也坚信我的制度设计具有可操作性，它们也可以被恰当运用在其他的民主政体中。[③]

立法机关

在一个代议制民主体系中，两种主要的沟通障碍的存在使得公众有必要介入我们的分权体制，直观上看，这两种缺陷都表现在公共舆论和作为他们利益代言人的代表之间存在着差距。[即使我们赞同代

① 反联邦主义者认为代表应是人民的传声筒——Jinkin（1967，60－91）称其为“描述性代表”（descriptive representation），对这些观点的总括，请参看 Manin，1997，109。虽然研究代表的理论文献日益增加，但这里并非讨论它们的合适之地，从某些方面来讲，由于我的设想建立在一个非常明确的立场之上，因此整个设想可能会因为它的代表观［its notion of representation］而被全盘否决，但我改天会对其进行详细的阐述，同时，关于代表理论最激动人心的论述，请参看 Ponet（2004）。

② 指直接民主形式。——译者注

③ 我并非啰嗦，只是详细地讲清楚公众部门在代议制或者直接民主政权中的扮演的角色问题，因为我在这方面没有任何经验以确保这项工作有价值，并且我也希望那些跨国政府组织或者工厂民主的制度设计专家能够发现一条清楚的路径，以使公众部门的基本架构能够整合进那些组织之中，即使在每种情况下可能都要求对分权制衡体制做适度的修改。但是为了组织大规模的群众，除代议制机构以外，其余部门本质上还将保持不变，人民还将需要一个形成公意的平台，在那里，他们是自己法律的制定者。

表仅仅是公众意见的受托者（trustees）而非代理人（agents）]，在一种情况下，大众可能在某个问题上被动员起来，但是他们的代表却拒绝对此问题进行认真研究与讨论，健康管理方面就存在着这样一个案例。企业，卫生保健组织（HMOs）与保险公司三者向两党都给予了数额可观的资金，但是立法机关总是藐视公众的声音，拒绝对健康政策领域进行改革。另一个有关立法机关“失误”的例子是，立法机关发现他们自己无法在某个问题上达成合理的妥协。在这些例子中，立法机关可能也想直接与选民互动，以免单方面行动，避免承担可能最终连自己都并不认同的失职之责。但是民意测验专家和权威评论者往往是一丘之貉，他们通过编造统计资料来达到他们想要的任何目的，从而使得对公众意见的测量不具有可信性。

当然，对于解决公民与他们的代表之间在意见上的分歧而言，在第一个案例中明显的结构性纠偏措施是实行公民创制，在第二个案例中则是实行公民投票。但是在此我不打算采用直接民主制的标准模式，而是主张通过成立公众部门来代替它，这个部门将利用公民创制权和公民复决权的思想资源。在此我也不打算仔细审查这些直接民主措施的功能究竟如何，而是简要地解释一下它们如何在公众部门发挥作用以及它们如何被整合进当前的混合政体，它们将促进混合政体进一步发展。

本章接下来的所有内容都是围绕怎样落实我的设想来叙述的，不去考虑其他的一些细节。但是我不想过分抽象地讨论这个问题，因此，让我们首先通过我设想的第四部门（即公众部门）来讨论两个法案，然后我将更直接地讨论行政机关与司法机关扮演的角色，最后我将对政党做一个简要的讨论。

想象这样一个可能的世界，在这里投票者饱受健康保险公司之苦，立法机关因利益集团为议员的竞选活动提供了资助而不愿意采取行动反对保险公司，于是生活在这个世界里的公民倍感失望。

再设想由于他们的院外活动集团成员没有能力给议员或者提供好处或者形成威胁，从而无法促成议员对健康保险系统进行改革，因此他们更加失望。在这种情况下他们还能求助于谁？让我们找到一种使他们能够更清晰看到自己境况的方式。

在已经设立了第四部门的情况下，公民社会里的相关社团能够以征集签名的方式自己采取相关行动①，他们将雇请政治顾问，向专家请教，在没有国家干预的情况下他们将创制一个法案，我们称为 P1。法案 P1 的页面形式将采用双倍行距，一寸页边距，12 号新罗马字体，总页面不超过 8 页。在法案送交给公众部门的管理机构之前，需要通过征集签名和征集志愿者的方式努力获得使法案可以被管理机构接纳的最低签名人数，接下来需要着手的工作是进行广泛的宣传，我在第一章所详述的州一级和联邦一级的相关委员会（宪法修正案公民委员会）（CCCA）将对被征集的公民签名情况和法案 P1 的文本进行评估。②

在此阶段，委员会可能会对法案进行否决，理由是那些诉诸公民创制的人违反了创制程序。伪造签名，政治分赃，以及其他不正当手段的运用都可能使法案被否决，导致利益集团对公民创制运动的资助由此结束。内容烦琐、华而不实的法案也可能被委员会否决。虽然将

① 详情请看我在第 7 章的相关讨论。在这个虚拟的政体中，公民社会将通过我在第一章阐述的管理机构（the administrative agency）来行动。

② 在此我详细论述了国家与州一级的公共部门活动，市一级的活动也基本如此，不过由于市政府的一院制结构，因此程序设置会有稍许的不同。

法案提到公众部门的议程仅仅需要九人委员会的多数同意，但是实际上委员会对法案没有单项否决权，他们仅仅能够决定那些由市民社会里的相关社团起草的法案是否应该获得一个官方法案编号，并列入公众部门的议事日程。如果一个由公民创制的法案是用来反对一个正在立法机关进行审议的另一个法案，那么该法案应该优先提上议事日程。如果委员会整体否决一个初始法案（proto-bill）①，它必须用公文的形式解释其原因，对公众的这种请愿书进行即时否决将会让人感到失望，报社将会像以往一样对此大做文章，新闻媒体也会添油加醋。

一旦法案被提上议程，委员会将安排对法案进行听证，一次很大程度上类似于国会将法案交给专门委员会的听证，这将有助于安排对法案进行辩论的日期，接下来还应该叙述委员会如何着手议程设置与议事安排，但这将留在第七章进行论述。

在一个法案已经被委员会提上公众部门的议程后，只有在协商会议上该法案由于没有得到五分之三的多数通过或者表决三次后仍然没有得到三分之二的多数通过时，该法案才能被否决。如果一项法案被协商会议所否决，那么委员会务必确认本质上雷同的法案，在三年之内不得再通过公民创制的方式提上公众部门的议事日程。这也是一个程序上的限制措施，它为一个法案在被提交给公众部门协商讨论之前就被委员会所否决提供了法律依据。

如果法案在协商会议上已经获得了出席会议人数的三分之二绝对多数通过，那么，该法案——已经被协商会议的决议执行者签署——将由相关的立法人员和行政官员再给予优先审议。在法案送交给行政

① 即由市民社会起草的法案。——译者注

长官签署成为法律之前，该法案必须得到所有相关立法机关的批准：只有立法机关的绝对多数才能否决通过公众部门的协商会议形成的法案。从本质上讲，一旦法案被公众部门所通过，那么每一个立法机关仅限于对其进行否决或者认可。如果任一立法机关——众议院的三分之二绝对多数，或者参议院的五分之三绝对多数（无论哪种情况，至少都需要另一立法机关的简单多数）否决了法案，那么该法案就流产了，[①] 在法案被两院“批准”后（例如，否决失败），法案将由行政长官（总统或地方行政长官）签署，最终成为法律。行政长官也可能进行对法案进行否决，他可以有十天的搁置时间让立法机关重新考虑法案，在被行政长官搁置十天后，法案将被退回到立法机关进行新一轮的表决。

如果此时行政长官获得了立法机关（参众两院）的简单多数批准他的否决，那么该法案也将流产。人民的公意将会被他们自己选出的代表所否决。不过，更经常的情况是人民的公意将会迅速而有效的获得认可：法案 P1 将会被签署成为法律，通过（现在的）“第五部门”付诸实施，“第五部门”即是在负责对法律进行恰当运用的管理机构。当然，对立法机关来说，对已经生效的法律进行修正和废止也是可以的，但是他们一般不想和公众部门作对，立法者毕竟不像公众大会里随机选出的代表，他们要承担政治责任，并且要受到期待下次当选的意愿的限制。这的确像是一个具有良好的混合、分权与制衡的民主模式。

现在我们讨论另一个法案：设想某个时期大家都知道与毒品作斗

① 如果一个法案是在这种情况下被否决，那么三年的限制期限也许应该被取消。

争的努力已经归于失败，再进一步设想立法机关内部正在努力达成一项使毒品合法化的妥协交易，但是由于他们没有能力推动众议院的两党议员一致同意通过此项法案，因此最终也失败了，即使菲利浦摩里斯集团（Phillip Morris）对共和党人与民主党人都提供了数额可观的竞选费用。现在两党里的立法人员都想停止这种无休止的争论，于是他们认为公众介入将是解决此问题的捷径。假设超过三分之二的众议员或者五分之三的参议员希望将此问题诉诸公民投票，但是为了使解决此问题的法案能够被成功提交到公众部门的委员会，立法机关首先需要其中一院的绝对多数[①]和另一院的简单多数同意才能将法案提交给公众部门表决。一旦其中一院以相应的绝对多数已经同意此解决方案，那么另一院应该将此事优先列入议程进行表决。以上是两种不同形式的公民投票，一种是具体的法令问题（如毒品问题），另一个则涉及宪法性问题，而这两种都可以列入公众部门的议程。[②] 通过对这个未来某个时期的假设，关于公民投票的思想以后我们将不会感到生疏。

现在假设法案已经获得了众议院必须的三分之二多数通过，因此只要参议院的简单多数就可以正式获得一个官方法案编号，称为法案P2，到此时，法案当然已经经过了国会各相关委员会的讨论、听证，

① 需要指出的是，“更低一级”的议院（即下议院或者众议院）需要一个更高的门槛，即绝对多数。

② 在这里，我没有提及强制复决（mandatory referendums），根据一些州的宪法相关条款，这是公民必须履行的义务，为了消除公民总投票程序的明显缺陷，我将试图用公共部门的裁决来取代公民投票，不过这是另一个话题，虽然人们可以从这里获得某些启示。另外我也认为，选举团（the Electoral College）可以成为公众部门的一个组成部分；实际上它甚至有充分的理由可以与建国之父们的设想相一致。但是当代我们对普选权（universal suffrage）的承诺取消了其他的可能性。

包括联合委员会的讨论，消除两院之间的意见分歧。自然，那些即将交给公民投票表决的法案的起草者应该是负责任的立法者，他们是以此谋生的专职人员。法案的页面形式最好也限制为双倍行距，总页面不超过8页，要是我们能将我们的主张降至不超过8页篇幅的话。[①]

当公众部门即将就此法案举行公民投票时，早已收到法案的国会各委员会会将其讨论结果自动反馈给公众部门的委员会，这样就使法案有了一个坚实的历史基础。虽然法案的文本页面仍然限制为不超过八页，但是立法机关必须将与法案有关的各种报告也呈送给委员会，以协助委员会开展工作。委员会自然也可以提供自己的证据，并独立进行调查研究，以帮助协商会议对法案进行修正，但是委员会无权否决来自立法机关交付给它的法案，它必须安排协商会议对法案进行讨论。

同样，协商者在经过认真讨论后也可以否决法案P2，立法机关在三年内也不得再将本质上雷同的法案交付给协商会议进行讨论，以鼓励立法者内部互相协商与妥协。但是，如果在公众部门的协商会议上对此法案进行否决之后，类似的法案是由公众再次创制，那么委员会应该允许该法案再次列入议事日程。（同样，在第一个事例中，如果一个由公众创制的法案在被协商会议所否决后，类似的法案是由立法机关再次提交给公民投票，那么委员会也应该允许该法案再次列入议事日程。）此外，即使某一法案在协商会议上被公众所否决，他们也无权阻止立法机关以传统的方式通过一个本质上类似的法案，如果他

① Jonathan Swift（1973，502－509）能将他“温和的建议”保持在八页以内。

们愿意的话，无论出于何种原因他们都有权这样做。[①] 当然这权力不仅可以独立存在，而且也具有均等性，即公众部门也具有相对称的权力。

如果协商会议上协商者投票通过了此法案，那么该法案将由协商会议的委员会签署，最后直接交给行政长官签署成为法律。如果行政长官对法案进行否决，他将有十天的时间说明其否决的理由，只有参众两院的多数同意他的否决，该否决才能成立。否则，法案 P2 将会正式成为法律，在联邦食品药物管理局（FDA）制定相关规章细化该法律后，该法案的所有支持者将会兴高采烈。食品药物管理局也有权代表另一部分公众对协商会议的记录进行了解，使其有机会知晓大众的声音，同时也可以让它向公众部门表达那些反对此项法律的人的任何关切。不过，一旦法案已经被公众部门批准，那么将很少发生他们的代表又试图否决该法案的情况，尤其是在立法机关本身对此法案无法“内部达成一致”（而将其交给公众部门决定）的时候。不过对已经生效的法律的修正与废止应该由立法机关来进行。[②]

---

① 如果立法机关试图事前就阻止公民创制某个法案，并以传统的方式通过一部法律以对抗公众部门试图创制的法案，而该创制法案在公众部门又以绝对多数被通过，那么该创制法案将被视为有效，除非它被立法机关以绝对多数所否决，或者被行政长官所否决（但这同时需要立法机关的简单多数）。也许我在此太啰嗦而忽视了一些更简单的解决办法或者一些更困难但更基本的问题。但是，我详细阐述这些平衡各部门的方法是必要的，毕竟我想将这个问题的全貌展示给大家。

② （对立法机关）最后的注解：既然公众部门的活动主要是立法性的，并且他们的活动因自己的角色而具有行政机关无法支配的合法性，因此我认为立法机关应该给予行政机关以行政否决权。

行政长官

接下来的问题是，行政长官应该在公众部门的活动中扮演何种角色：行政长官能绕开立法机关而直接将一个法案交给公众部门讨论吗？行政长官是否像很多州长一样拥有单项否决权，还是像总统一样没有保留这种权力？

这些都是关于合法性的问题，但是从传统中寻求解决之道似乎比较合适。首先考虑第一个问题，对这一问题最直接的回答就是说否，行政长官可以将一个法案交付给公共部门进行公民投票，但是该法案只有经过了立法机关的讨论才能提交给公众部门的委员会。对于第二个问题，行政长官的否决权应该与他现有的权力保持一致，在州范围内的公众决定州长一般拥有逐项否决权，但在全国范围内的公众决定总统没有这样的权力，行政部门的立法权以及对行政机关的问责制都应该完整保留，如果它们的行为超越了公众部门的法律，将会受到司法审查。行政机关的管理部门也能利用公众部门的协商会议解决相关民意的事宜，这些协商会议包括正式与强制性的以及非正式与非强制性的（虽然还并非一定自愿）。[①] 关于行政长官的最后一个问题，毫无疑问他们应该保留涉及公众部门事宜的危机管理权，虽然从潜在意义上讲公众部门的法律和权力具有更大的合法性。[②] 尽管坚持这种保守的方法没有什么深刻的理由，但是似乎也没有什么充分的原因让人

① 行政机关的管理部门对协商会议的利用先前已有介绍，（参见 deLeon，1997）

② 立法机关也将保留他们相应的紧急权力。

对此做法表示不解。

司法机关

法院有时会哀叹他们无法把握国家的传统；他们必须了解这些传统，因为很多的个人权力都是由此演化而来的，在当前的程序至上的背景下，这些传统具有宪法意义上的影响。在大法官戈德堡关于格里斯沃尔德对康涅狄格州案（*Griswold v. Connecticut*）[①]（一个著名的司法案件，裁定了康涅狄格州的一项规定出售避孕药具或告诉已婚夫妇如何使用避孕药具的行为为犯罪的法律无效，同时也提出了基本的“隐私权理论”）的意见中，他说明了法官们身处其中的困境：

在决定哪些权利是基本权利时，并没有给法官们留下很大的空间以考虑他们个人的意见，相反，他们必须追寻“传统和民众的（集体）意识”，由此决定一项权利是否“具有本源性以至于可以成为一项基本权利”。法官需要做的是了解一项有关的权利是否“具有这样一个特征，即毫无疑问它并没有侵犯到自由与正义的那些基本原则，‘这些原则的维持全赖于我们的公民与政治机构。’”（后略）

但是就我们当前的政体建构而言，很难知道法官是否有相应的职务能力去做相关的决定，而且这些传统以及人民对它们的理解总是随着时间的改变而不断变化，这就需要对它们进行动态的理解。这一点尤其反映在大法官布莱克（Black）对戈德堡的反驳中：“人们可能会问，（法官）怎么能避免考虑‘他们个人的意见’。”正如戈德堡坚

---

① 381, U. S. , 479, (1965)。

持认为的那样。布莱克继续说道："我们的法院当然没有可以用来进行盖洛普民意测验的工具，在现阶段科学的伟业还不至于发明出一种工具，法院用它可以测定植根于'人民意识'中的传统是什么。"但我认为，公众部门也许正是这样一种工具。

在两种情况下公众部门可以与司法部门发生联系，法院既可以求助于人民也可以向人民发起挑战。法官可以将有关事宜交给公众部门讨论以听取民意，在这种情况下公众部门起到一种建议作用，法官也可以对公众部门中进行的直接民主措施进行司法审查。我将依次对两种可能性进行论述，但是，既然围绕对直接民主进行司法审查的问题已经有很多文献可以利用，那么读者的注意力应该放在对相关理论问题的解决的讨论上。[①] 在这里，我仅仅起一个抛砖引玉的作用。为了从一个实践的立场切入问题，让我们假定一种更加粗糙的直接民主措施已经被运用，现在，讨论的性质已经发生了改变。

设想有一天法官们认识到现在是重新思考巴沃斯诉哈德威克案（*Bowers v. Hardwick*）[②] 的时候了，但是在此过程中他们需要考虑到的一个情节是最高法官的一份声明，该声明援引摩尔对东克利夫兰市案（*Moore v. East Cleveland*）说，这些先例"深深地植根于我们这个国家的传统"。[③] 为了反驳这个声明——关于法院自己的权威以及国家的传统——在一个已经设立了公众部门的政体中，州一级或者联邦一级的任何上诉法官（或者全体出庭法官的简单多数）都可以通过公众部门的协商会议以决定国家传统中哪些观念依旧在公众思想中被保

① 最著名的相关讨论见 Eule（1990）。

② 478 U.S.，186（1986）。

③ 431，U.S.，494，503（1977）。

留。法官们可以非常方便地保留他们的疑问和看法，包括所有相关的事实与裁决结果都可以以备忘录的方式交给公众部门的管理委员会，该委员会依然负责组织公众部门的协商会议。但是其多数框架将会被司法部门这个被认为是“最少危险性的部门”所进一步发展。[①]

公众协商会议的结果将会以投票的方式被记录下来，但并不需要设置一个最低的否决或者同意的门槛，因为在这个案例中，公众部门的作用是“协助”法官，法官可以将公众意愿作为其决定的基础，同时也可以对协商会议的文本纪录进行调查，以及在协商会议之后进行问卷调查，以确切了解人民为何如此思考与行动。而且，对投票的类型作一个人口统计学的分类也许会帮助法官做一些社会科学方面的分析，用现代统计学的方法对公民中的偏见进行调查。

在协商会议的投票之后，法官就可以不再考虑各式各样的公众意见，尤其是投票结果表明此问题是一个激烈争论的热点问题，并且任何一方也不占有绝对优势时。当然也很可能出现这样的情况，即甚至一个成熟的绝对多数因为一系列原因而认同对巴沃斯案（*Bowers*）的裁决，正如大法官伯格（*Burger*）在对巴沃斯案（*Bowers*）的并存意见中指出的那样，一个国家的传统中可能同时混合了“犹太教与基督教的道德与伦理准则。”[②] 还有可能出现的情况是这样，即公众部门的协商会议可能会帮助解决大法官肯尼迪（Kennedy）与斯格利亚（Scalia ）之间在最近对劳伦斯案（*Lawrence*）的裁决中产生的对传统

---

① 比较 Bickel（1962）与 Kranmick（1987，437），（A. Hamilton）。（“司法部门，从其本质上讲，总是对宪法规定的政治权利最少危险性的部门，因为它最没有能力冒犯或侵害它们。”）

② Bowers，478 U. S.，196（Burger，C. J.）。

的争论，[1] 该案件最终推翻了巴沃斯案（*Bowers*）的裁决。让人民更加亲近司法活动与宪法解释无疑会增加司法活动的合法性，并缓和对司法活动的怀疑论倾向。在这些事例中，法院可能依旧想违背民意，他们想重构国家的传统而不是仅仅服从于传统。他们应该有这样的自由，因为公众部门还保留有对法律甚至宪法进行修改的立法能力，而法院不过是对这些法律以及其适用进行解释。这将把我们直接带入下一个讨论环节，即对公众部门的活动进行司法审查的可能性。

司法审查

亚历山大·汉密尔顿在《联邦党人文集》中关于司法审查的观点将是进行讨论的合适切入点："每逢立法机关通过立法表达的意志与宪法所代表的人民的意志相对立时，法官应受后者而非前者的约束。"（Kramnick，1987，439）将人民的意志直接等同于宪法毫无疑问是一个的古怪的论调，但这也正是司法审查必要之所在（参见 Waldron，1998，chap. 12，and Holmes，1993b，195 – 240）。在《联邦党人文集》中，要求立法者务必与人民保持接触，尊重他们的基本权利与价值观念——这在宪法中已经明确地加以表达——是进行司法审查活动最重要的理论基础之一。

但是，正如朱利安·欧拉（Julian Eule，1990，1532）指出的那样："那些经由立法程序制定而被法官认可的法律都已经成功的经过

---

① Lawrence V. Texas，No. 02 – 102，Slip Opinion（Supreme Court of the United States）（June 26，2003）。

了一个广泛的过滤系统的检验。这就是多数主义的累加，它首先渗入了立法者独特的民主观念，其次它也经得起司法机关的审查，而不是仅凭立法者自己的主观判断。这种经过完善与过滤了的多数主义既保留了人民主权的优点，同时又消除了它的不足。”

实际上，欧拉进一步说：“在一个没有经过过滤的多数主义中，司法审查是最必要的。”（1584）他告诫人民，在直接民主活动中加强审查或者“严格的司法监督”（1558）十分必要，因为在这种直接民主活动中，未经过滤的多数拥有制定法律的权力。他反对“本能地诉诸雨果·布莱克（Hugo Black）的观点，这种观点认为随着民主变得更加直接，司法审查活动也应相应地降低”①（1508），而是坚持认为，关于直接民主的主张应该与司法审查理论互相适应融合，并且应该加强对直接民主活动的司法审查：

正如建立在分权理论或者是司法解释之上的司法权力无法对投票方法进行审查一样，在一个脱离了立法背景的环境中，这种权力几乎也没有什么意义。立法机关出众的信息收集与分析能力总是能让法院尊重他们的判断。然而在实况调查方面，无论立法者是否比法官干得出色，但两者确实比选民要老练很多，如果以决策的准确度作为标准，那么选民将处于明显的劣势地位，因为在这方面他们缺少人力、资源、时间以及理解力去与我们的法官或者是立法者进行竞争。(Eule，1990，1538，后略)

认为大众民主更需要法院持续审查，在这一点上欧拉当然是对的，但是如果考虑到我所设想的政体的特点，那么能力和资源对人民

---

① 在此欧拉引用：Reitman v. Mulkey，387 U.S. 369（1967）；James v. Valtierra，402 U.S. 137，141（1971）；Hunter v. Erickson，393 U.S. 385，397（1969）（Black，J.，）。

来说将不会是障碍，这些明显地表现在人民对实况的调查能力和对结果的分析能力上。此外，既然这里的直接民主措施是在一个不同的框架结构中进行，此框架结构已经考虑到了在公众部门里的直接民主需要经过的过滤因素以及代表的多数主义问题，那么欧拉常常借用来证明在直接民主中需要更为严格的司法审查的主张就不再有充分的理由了。公众部门不仅仅是平民主义的部门，它本身已经具有共和主义的因子。宪法第四章也指出："美利坚合众国保证本联邦各州实行共和政体。"①

无论我们最终是否赞同法官对公众部门的活动进行"严格"或"温和"的审查，但是毫无疑问他们有对公众部门的某些活动进行司法审查的权力。虽然在这里我提出了一个关于法院是否应该在选举之前对投票方法（ballot measures）进行审查的问题，② 但是在法律通过之后，法官无疑有权以对公众部门的某些活动结果进行审查，以免多数主义违反宪法，侵犯基本权利。

最后，我必须考察公众部门的四类活动以及与之相对应的司法审查。

1. 公众部门涉及州范围内的立法活动明显应该受到州法院以州宪法为基础的审查。如果法令涉及联邦问题，那么联邦法院具有相应的权限。

2. 如果修正案使审查成为必要并涉及联邦问题的话，公众部门通过的对州宪法的修正案只能由联邦法院审查。正如欧拉指出的那样，"州法院因受对本州选民负责的约束导致它们既没有能力也没有

① 关于协商民主与共和主义的互动，参见 Leib（2002）。

② 关于这方面的讨论，参见 Farrell（1985，919）。

意愿在对通过的法令的审查上担任主角。当联邦宪法规定的基本权利有被侵犯的危险时，应该由法院独立进行司法审查，这种独立性要求法院既不受人民意志的左右，也不受立法机关的侵扰”（Eule，1990，1580，后略）。虽然如果法官以司法审查的方式否决了某一州内公众部门的某些方案有可能会产生一些不利的影响（这增加了联邦主义在实践应用中的困难），但是联邦法官理应拥有维护联邦宪法的权利。

那些不属于美国理性制度的设计者也许会争辩说：在公民反租金操纵/公平住房联盟对伯克利市案[①]中曾经指出：“投票者不会通过一部违反宪法的法律，正如立法机关也不会如此做一样。”我设计的政体模式一方面通过将协商的因素引入公众部门的活动，而给予公众部门的决定以法律效力，另一方面则通过司法审查而确保了这些决定的合法性。

下面我还将对司法审查的问题作进一步的讨论，这些讨论包括关于（公众部门）对美国宪法进行修正时的相关规定，以及关于公众部门制定联邦法律的相关活动。

3. 为了评估其合宪性，公众部门通过的联邦法令应该受到联邦司法系统的审查。如果预知法令有违反宪法的可能性，公众部门的委员会也许可以主动向有关部门寻求咨询与帮助，但是司法系统除外，因为有司法独立的禁令存在。如果给法官以单项否决权的话，他们也可以通过为业已通过的法案设立适用范围而使其保持在宪法允许的范围内。在这个例子以及其他的案例中，为创制法律而召开的协商会议

① 454，U. S.，290，295（1981）。

的会议记录以及相关问卷都可能帮助法官去完成他们的诠释主义和意向主义的任务。

4. 只有在第四种情况下，即公众部门通过了对合众国的宪法修正案，这时候司法机关对其是否拥有审查的权力，这的确是一个令人头痛的问题。一方面，如果汉密尔顿关于“人民的权力”应该“高于”司法机关和立法机关的权力的论述是正确的话，那么由他们通过的任何宪法修正案都必定是表达了他们的意愿，因此也应该具有最高的效力（Kramnick，1987，437）。对汉密尔顿来说，宪法是公共意志的表达，因而只能被公众意志通过的法案所修正。但是对宪法的修正是一项非常严肃的事情，如果允许一组通过分层随机抽样而组成的普通群体[①]只要以绝对多数的原则就可以颁布对国家产生深远影响的宪法修正款项，而不经过严格的程序限制或者是遵守宪法第五条关于修正宪法的规定款项，这将会引起人们的广泛关注。

现在我们进行进一步的调整，使得对宪法进行修正的协商会议，如果要使修正案通过，必须获得一个更高的或者完全不同的绝对多数。比如最低门槛将会提高到要求四分之三或者五分之四的绝对多数，而对由立法机关通过的法案进行修正仅仅需要简单多数或者三分之二多数。在这些情况下，也许瑞士的“双重多数”机制也将会是一个有效的方法（在那里，对公民创制法案的通过要求多数州且多数人同时赞成）（Kobach，1994，98－153）。此外，要求对联邦宪法进行修正的请愿书将会要求有更高比例的选民签名和更严格的选民地理分配限制。另外，也许还可以要求，只有立法机关根据宪法第五条

① 如前所述，如果公众部门商议的是关于整个联邦的问题，那么此时整个国家将有很多协商会议召开，因此将会运用一种集合选票的机制。

规定的绝对多数才能将有关联邦宪法修正案的问题提交给公众部门协商，并且负责组织公众部门全国性活动的（公众部门）联邦委员会也可以对修正案进行事前否决。也许在满足了宪法第五条关于宪法修正案的规定后，由公众部门批准修正案是“必须的”，当然，也可能出现这样的情况：正是由于公众部门具有这一权力，使得它无法被人们接受，从而面临被解散的危险，这时公众部门将会被取消其拥有的对宪法进行修正的权力。如果不出现这种情况——我不希望这种情况出现——那么司法机关在充分利用公众部门宪法修正案会议的会议记录的情况下可以对修正案进行司法解释，虽然很明显他们没有权力对修正案本身进行违宪审查。

在任何情况下，法院都不能审查那些虽由公众部门制定，但还未被其他机关所批准的法律，这确保了这些公民创制或复决不仅获得了选民的支持，而且也有机会被政治家们所认可，在此情况下司法审查似乎有些多余。

回到政党

在对将公众部门整合进宪政框架的可能性进行了简要的尝试性论述之后，还有待论述的是政党问题，这一问题也非常重要。虽然宪法本身没有预料到现代政党体制的形成，但是政党已经在美国的政治生活中占据着十分重要的地位，在此我们并不卷入关于两党制和实行比例代表制的多党制孰优孰劣的各种争论。[①] 在这里讨论政党社会学或者讨论关于现代政党民主的寡头化倾向也并非适宜。[②] 在这里我们要探讨的是公众部门将如何与美国的两党制系统共存，无论最终关于政党民主的标准化评估是什么。[③] 无论如何，一个值得铭记的重要事实是："在美国，分权制度对政党结构的影响远远大于各种法令对政党的条款规定，分权制度导致行政机关与立法机关相分立，同时也导致政党之间的合作成为必然。"（Budge，1996）

人们通常认为，（现今非大众的）公民复决与创制"将会对给政党带来巨大的不利影响"（Kobach，1994，132）。公民创制的广泛运用无疑会腐蚀政党对各种议程的控制，同时也削弱了政党的"统领性作用"（Epstein，1967，261－88）。甚至政党的内部团结有时也会被直接民主措施破坏，从而总体上动摇政党系统。瑞士最近的一次公民投票结果就证实了这一点："51%的自由民主党（FDP）的支持者反对他们政党的提名，55%的基督教民主党支持者和60%的社会民主党支持者也持同样的看法。"（Kobach，1994，132）同样在瑞士有证据显示，当涉及公民投票时党内的议员和领袖之间也出现纠纷（132）。

伊恩·伯吉（Ian Budge）——一位直接民主和政党的双重倡导

① 作为这方面讨论的例子，请参看：Mueller（1996，101－74），Shugart and Carey（1992），Ackerman（2000），Ponet（2004）之间关于美国制度的争论。

② 这方面的例子请参看：Michels（1999）和 Epstein（1967）。

③ 这是一个实践上的策略，即使政党在"衰落"，我也希望他们认识到，我的改革并不会损害他们的利益。因为，至少在可预见的将来，得到政党支持依旧是获取选票的一个主要方式，而且，如果没有政党的支持，要对宪法进行修正是不可能的。不过关于政党与公众部门之间的争论可以有两种，一种认为公众部门是削弱政党的力量，另一种则认为它为加强政党的力量。对这两种争论进行权衡并非我的目的，我仅仅想表明，公众部门与政党可以共存，它否定了阿伦特的看法，我在第三章对其有所论述。

者——总结了经常被各种文献用来证实直接民主措施削弱政党作用的四个论据。这四个方面是：

1. 削弱政府的部分立法功能。特别是一些强制性的决策不再由政党所提出并制定。

2. 作为第一个方面的结果，它降低了执政党努力促进的一揽子政策的一致性与连贯性。

3. 与政党相比，单一议题团体更容易走极端，不容易妥协，因此公众协商会议鼓励采取极端立场，降低了谈判与达成一致的可能性。

4. 在公众协商会议上，政党领导人可能采取与大众相对立的立场，而选民可能会忽视甚至否认政党在某些时候应有的领导作用。(Budge，1996，120)

然而，伯吉对上述各种主张进行了反驳，他指出，这些主张“自身内部都存在着不一致”，在那些“目睹了选民遵从政党领导——此时这项行动符合其意识形态——的评论家看来，这些论据完全是自相矛盾”（121）。而且，总体上看，在大的政党体系中，精英之间出现分歧是常见的，此外，在一个没有直接民主措施的政体中，主要政党之间为了形成联盟也采取极端政策，与它们相比，公民投票未必更能导致极端行动（121）。一个没有直接民主作为补充的两党制系统需要利用政党来对社会运动作出反映，让政党听取公众的声音，保持公众性。而且，通过坚守政党自己确立的特定意识形态，政党内部的团结也可以得到维持，因而实际上加强了政党的力量以及内部的统一（121，引自 Buffer and Ranney，1994，260）。此外，“所谓一致性和连贯性本身就是旁观者的一面之词，没有特别的证据显示它们存在于政府的项目之中，更谈不上受到直接立法（指公民投票与复决等直接民主措施——译者注）的影响”（Budge，1996，121）。

不过，伯吉承认，“麦格勒比（Magleby）看到了直接立法在美国的巨大缺陷，因为它绕过了政党，并且弱化了政党的作用，而政党是阐释与平衡政治争端的最好手段。克罗宁（Cronin）也认识到直接立法的这项缺陷，他将更深层的政党卷入作为这些缺陷的主要手段”（121，引自 Cronin，1989，70，230，Magleby，1984，192－99；参见 Magleby，1994，254－57）。

如果公众部门已经被整合进我们的宪政体制，那么，即使在一般的公民投票和复决活动中，政党也拥有自己的主要任务，将被期望担任重要的角色。在怎样进行投票上，选民依然缺乏信息指导，通过提供信息，政党可以填补这项空白（Budge，1996，98）。政党也没有必要非采取一种固执的立场不可，有时避免这种固执的立场可能有利于促进政党的团结统一，此外政党还可以帮助公众部门深入了解某个政策问题。他们可以帮助在大众传媒上举行辩论，提供相关政策潜在影响的信息，这些政策将会对政党努力促进的一系列更常规政策产生影响。

当然，政党的这些作用只有在举行公民创制的时候才显得必要。而在举行公民复决的时候，由于相关的法案是由立法机关制定的，因此在法案的辩论和协商中，政党将扮演他们一贯的角色。既然和公民复决相比，公民创制获得仅仅是简单多数通过的可能性也要小得多（96），那么，大多数已经通过审查的“直接”立法将仍然是由议会里的政党所主导进行。因此即使是我所构想的直接民主，也仍然需要政党发挥作用。

在一个已经成立了公众部门的政体中，政党依旧将可能在一般选举中垄断候选人的产生。既然财力、选票以及可信度自然会使那些得到大党支持的候选人当选，那么候选人也就有更大的意愿从政党那里获取各种资源。在一个两党独霸制中，很可能需要经历一次制度的调整，它需要一个制度化的机构为那些单一议题激进主义提供表达与发泄的途径。不过也有这样的可能，政党非常聪明地将那些单项议题的鼓吹者吸收到自身的组织中来。政党（特别是少数党）也有可能帮助发起公民创制活动，他们也许会想，某些法案由公众部门创制可能比在立法机关更容易获得通过。而且，政党也许希望从人民那里得到一个明确的指示，他们希望知道公众部门里协商会议结果如何。另外，既然来自于公众的法案一般需要绝对多数才能通过，[①] 那么即使那些单项议题的鼓吹者也可能希望获得一个广泛的基础，以使他们的议案能够通过，这就为他们与政党形成妥协提供了可能性，因为政党控制了相当一部分选票。另外，既然那些单一议题政党基本上要每隔三年才有一次机会将他们的问题付诸协商讨论，那么，如果与两个主要政党的相对稳定性相比较的话，在这种单项议题基础之上形成的各种第三党将必定是不稳定的和临时性的。

然而，即使在一个已经成立了公众部门的政体中，政党不去履行他们的信息传递与统领功能，政党依旧将会全力以赴地使他们提名的候选人当选并被任用，即使政党拒绝为推动公众部门的意志形成，向

① 在多党制中，获得绝对多数也许要容易一些，因为在那里普遍存在着联合与联盟。

他们提供相关线索和研究协助，政党也将依旧像以往一样在政治中发挥作用，特别是政治已经进入这样一个常规阶段的时候，在此阶段，几乎很少有其他方法能够获得使公众部门的决策通过所需的绝对多数。

第五章　回应质疑

制度设计体现了设计者的精妙之思，需要接受现实的检验。改革意味着在现状的基础上有所改进，而不是革除与现存制度有关的所有问题。基于这样的认识，我将对公众部门带来的各种非议进行一一回应。

“就像很容易被决策小团体操纵的任何会议一样，协商会议难道不会被腐化吗?”

在前面我已经提到，为了控制调解人和潜在的首席陪审员的腐化，在每个小团体中，联邦法官或来自妇女选举者联盟训练有素的志愿者可以对其进行制约和监督。但是在更广的公共领域，所有的公民都有被收买的潜在可能。因为公民有受贿和被宣传蛊惑的可能（这些问题在今天已经严重困扰着立法机构），所以，在协商期间有必要对陪审团成员进行隔离。在协商会议之前及其过程中，陪审员的名字必须绝对保密。当公民服务于陪审团时，他们应当切断除同事之外的一切其他联系。虽然每个陪审员都有与他们的家庭保持联系的自由（我认为，这是一个相当合理的例外），但是在协商会议前，我们仍然需要努力确保陪审员的身份远离大众媒介和利益集团。当然，在陪审委员会中可能存在一些腐化分子，会把其陪审员身份与巨额金钱作交易。利益越大，当事者就越容易受到诱惑，并竭力影响大众陪审团的协商。这样的问题困扰着目前的各种改革。我们的最佳做法就是对损害政治运转的人施加严厉惩罚，同时纠正其通过不公程序达到的结果。

在现实的协商过程中，对诸如同性恋婚姻和毒品立法等具有广泛社会影响问题的协商不可能完全保密。最为可能的是，电视要对整个协商过程进行播映（像菲什金的一些协商性民意调查一样）。人们有权了解他们的同伴是如何履行公民责任的，并且确保协商会议调解人公正地履行他们职责。只要对电视画面中每个协商者的面部进行电子模糊化处理以保护公民的隐私，任何协商会议都可以进行电视转播。[①] 虽然任何协商情境都能体现某种“公开的价值”，但是程序的合法性还是依赖于其包容性。如果替那些不愿公开的人考虑的话，我们就不能寄希望于协商，因为协商可能带来自愿性回应的问题，这将削弱菲什金的民意调查、咨询政体和市政会议的合法性。

“但是，难道公民不应该有机会知道所有的协商会议过程，理解陪审团的成员是如何得出结论的吗？难道‘公开的价值’不要求程

---

① 虽然一些人可能会认为，当事件发生时，只有遵守程序的人才是打算影响事件结果的人、把整个程序看成是动态发展的人；但是，我总体上认为这里的所谓同步直播的主张就像最高法院的口头辩论一样强烈——在这个领域我想其动机是纯洁的，主张是具有说服力的。

序的透明吗？过多的秘密和不透明不会损害其合法性吗？”

在隐私和公开两种对立的主张之间作出选择是相当艰难的。[①] 从一种视角看，既然协商会议是一项旨在激活公共领域的变革，那么，对于公众而言，公开和透明的价值就是当务之急。但另一方面，在自由政体下，公民具有隐私权。尽管如此，本文通过案例支持这样一种主张：在政治上，为了公众部门的利益，最终要求以牺牲某些隐私为代价；同样的，司法系统需要公民更加经常地为陪审团服务。对何谓公开过度，我并没有找到确切的答案，但是我坚定地认为，为了合法性等至高无上的国家利益，我们的政体必须具有一定的弹性。

为了体现公开的价值，协商的副本和信息手册应该作为公开文本。这些公开文本能够帮助法官和未来一代理解决策主体为何这样做出决定，并理解至高无上的国家利益。协商会议结束后，法官浏览协商副本和寻找有关问题的答案的过程是枯燥乏味的，我们可以通过调查问卷给他们提供帮助。尽管我们应该给法官提供一些人口统计学信息，帮助他们了解人口统计变量在投票模型当中的作用，但是调查问卷应保持匿名性，而不能提供详细的人口统计信息。

尽管我们必须保持陪审团人员名单的公开记录，协商会议之后也可以把这些记录公开刊印出来，但是关于每一个成员投票的具体信息应该保密。在委员会发行的总报告封面上应该用显著的方式标出每一

① 这一悖论展示了协商和古特曼、汤普森的（Gutmann and Thompson，1996，95 - 127）“公开的价值”之间的矛盾。笔者感谢伊恩·夏皮罗（Ian Shapiro）将这一悖论引进了我的视域。我应该提及汤普森在谈到“民主的秘密”的正当性时，确实举出了一个案例，但是他主张，如果秘密“促进民主争论”，则只有“公民和他们负责任的代表能够协商”决定事务时，这一秘密才能够证明是正当的，这一观点让他再次陷入了一种实践上的困境。虽然汤普森提出了这样一个有意思的问题，但是他的答案却留下了诸多的想望。另外一种试图解决民主的隐私问题的方法参见 Manin（1997，167 - 68）。

个成员的最终投票结果，但对陪审员采取哪种方式投票则无须说明。[①] 每一个记录于公开副本上的发言也应该是匿名的。通过保留匿名，公民偶尔发傻也不至于太过尴尬，因为他们仅仅在十四个共同协商者、调解者和速记员面前感到困窘。哪怕是电视播映整个协商过程，陪审员的声音和电视画面都需要经过模糊处理，以便隐藏身份。虽然我优先考虑公共领域中的公开性，但是自由主义者所要求的隐私我们也要谨记。

“什么是首要的价值：参与还是协商？参与式民主主义者可能会认为随机抽样的参与性不足。”

从实践的角度看，参与民主主义者不应该抱怨体制所推荐的参与性不足：虽然在任何单个问题上的协商主体仅仅是层化的随机样本，但是公众部门本身是由所有有选举权的平民大众组成的。每个人参与——而且必须参与，因为公众部门的活动是强制性的（参见下一章的原因说明）。并且所有的参与都是在公共部门议程设定下活动的（参见第七章说明如何设定）。

从理论立场来看，事实上，我倾向于把“参与”而非“协商”作为佩特曼（Pateman，1970）和巴伯（Barber，1984）所谓的共和政体所必需的一个核心原则。尽管我同意菲什金所谓的“政治平等”和“非暴政”作为我们的两大核心价值，但是我（匪夷所思地）不愿认可他的第三个价值——“协商”（Fishkin，1991，29 - 41）。我在本文中的想法看起来似乎有点怪诞，我认为协商的兴起是因为大众

① 在这里，抽票者信用的运用来自伊恩·艾瑞斯（Ian Ayres）作品的启发（Ayres and Bulow 1998）。

参与出现了问题，恰恰需要协商去纠正。我在导论和第二章中重复了这一立场，协商并非一种基础性的核心价值，而是一种解决问题的方法。

我并不想把直接把协商嵌入民主理论，因为我认为在米歇尔曼（Michelman，1997，47）提出的权威的条件中，参与与协商相比是一个更为基础的价值。例如，有人认为参与能够帮助建立统治的同意——任何一个自由政体的关键特征。但是，当不参与的代价过低时，协商可以通过非虚幻的（也就是真实的）同意，成为建立合法性的工具。在这里，即使参与不能独立存在，但是参与是更加基础性的价值：在精英参与的民主中，其协商的价值也大打折扣，因为这是没有公民参与的民主。

“为什么只有符合条件的选民才能参加会议？为什么要在这里划一条线？移民政策陪审团的讨论难道不应该至少向受直接影响的群体和对此项决策感兴趣的人开放吗？”

当然，一个世界主义者可能要问：为什么协商陪审团仅限于公民。移民也可能受到这种大众努力的影响，并且我的会议模式总是渴望一些受到影响的团体参与。因此，我如何能够排除非公民？

这里没有一个简单的答案。有时候，不得不划出一个专断的界限。然而，在这方面，还不能用专断一言蔽之。民族国家经常需要做出一些具有全球性影响的决定，但是如果虑及全球代表则会损害召集协商会议是为了表达特定人声音的目的之实现程度。诚然，我们需要用一种广阔的视角来看待协商，听取公民对自己国家未来的看法。但是，公民声音表达的是一个国家、一个民族的声音，而非全世界人民的声音。

当然，协商会议将应用于其他领域。在车间、联邦、跨国公司，这一公众协商的模式都被应用，以扩大全球民主的影响。[1] 但是，这一建议关注在美国政治生活中的公众协商，因为在这种情况下它不仅仅要达到更加民主的目的，更要塑造公民认同。一举而两得。在其他私人性或者世界性的背景下，追求更多的民主可能是主要的目标，但是在这里，基于增进共和的原因，提高公民认同是协商民主的一个更加深切、急迫的目标。如果通过某种机缘，"世界公民"在将来对世界大众都具有意义，那么，协商会议对于制定全球政策将大有裨益，基于诸多其他原因，公众协商在民族国家的范围是值得向往的。在世界的范围内，或许可以通过具有决策权的协商会议解决行政机关与大学毕业生之间的争议，以代替过去经常寻求的讨价还价机制。但是这些应用已经远远超越了（并且常常不在）我在这里讨论的范围。

"在协商会议中证明很有说服力的参与者能够允许竞选公职吗？人们能够允许某次会议服务于其政治野心吗？"

虽然一些有政治野心的人可能试图利用协商会议为他们的机会主义服务，但是我从三个方面来反对此种行为。首先，我避免了自我选择的问题，没有人有方法使其成为一个特定政策事件的陪审员——每一个人都是随机选择的。因为履行陪审团责任不是自愿性的，而是强制性的，那些想利用陪审员的职位寻求政治生涯飞黄腾达的人因为要遵循随机挑选的原则，必须等待难得的机会。

---

① 詹姆斯·伯曼（James Bohman，2001）最近的著作就是协商和共和主义对于世界主义的一个最有希望的运用。

另外两个方面都跟信用有关：那些寻求公职的人不能因为他们能够影响某会议所论证的特殊政策的结果就轻易利用他们在协商会议中的经历，怂恿选举者来选他们。既然协商者在会议的整个过程都跟其他 14 个协商者争论（尽管他们通过情况介绍和其他方式服从全体会议），那么一个潜在的候选人就不能令人信服地宣称自己支配了其所在协商小组中其他 14 人的决定。虽然陪审员有机会在餐宴和其他娱乐场合或者晚间社交活动接触他们的同事，但是争论和信服往往发生在小集团活动中。审查委员站在肥皂箱（soap boxes）之前对会议全体成员发表演讲，必然会被当成笨蛋。[①] 我怀疑午餐时协商者除了谈论他们每天不得不“被迫”去说的事，他们还会谈论其他事情。

即使出于政治野心需要，他们声称能支配带有激烈争论的选举，但是他们不能找到可信的方式证明他们就是持有决定性意见的人。既然公开记录将不会在副本上记下姓名，我们就没有足够的理由相信其中任何人的主张是决定性意见的特定部分。毫无疑问，围绕这些对可信性的限制，还有其他一些提高说服力的方式：具有野心的协商者可能为他们的选举活动招募证人；他们可能非法为自己录音；他们可能在协商之前发送自己签名的邮件，这些邮件包含他们在协商会议上计划阐明的主张。但是，这些方式的代价更高，政治野心不可能利用协商会议达到其机会主义的目的。

这一争论引起了一个更深层次的问题：是否应该担忧协商者会试图把他或她在协商会议中的公共服务者的角色转变成另外一种政府公共服务者？我好像没有必要不让这个问题不证自明。我并没有像菲什

---

① 参见 http：//iglooigloo. blogdriver. com/iglooigloo/a 17406. html。

金那样利用协商会议把人民变成媒体明星，并且我更加关心协商者的隐私，我不认为协商会议将会使任何人一夜之间成为国家明星。但是如果协商和参与立法程序激励一些人更加积极地参与政治生活，那么，在我看来没有理由去阻止他们这样做。

"经验证明是否就像菲什金争论的，协商民主在实践中表现出竞争性不足和缺乏效率？"

巴顿和曼特森（Button and Mattson，1999）分析了协商民主在1999年的七种实践，并得出了有些令人沮丧的结论。可是，他们关于协商民主潜在实践的彻底无望的结论并非前后一致。

他们为公民表现出对专家的巨大遵从表示惋惜（Button and Mattson 1999，610）[①]，但是对公民希望更为经常地成为协商环境的一部分的感觉表示赞赏。因为其团队研究的大多数案例都在支撑他们所谓的"教化"（educative）功能（612），所以，对协商者的功能是现场观众而非演员的说法就不足为奇，同时对协商产生不了实际效果导致许多人愤而离开的说法也没有什么大惊小怪。公民遵从专家部分是因为德莱昂的PPA从来没有足够的协商性输入，部分是因为第三章展示的进步实验。巴顿和曼特森确认观赏性政治遭遇了失败，这就意味着全体公民应该有一种更为主动的政治判断感。[②] 他们的研究支撑了我的如下主张：协商机构应该按政策行事而非仅限于讨论，同时大众协商应该制定政策决议。

---

① 但是我们必须要问，当另外一个替代性的选择是遵从财富时，遵从专家是不是一种损失。

② 关于同消极政治判断相联系的问题的理论探讨，参见 Beiner（1983），Arendt（1982），以及 Arendt（1958）。

有趣的是，巴顿和曼特森贴上“积极分子”标签的单一个案研究——在这里其暗示公民的协商将产生政策——与我在这里所主张的公民陪审团大相径庭。在波特兰的能源控制会议的个案中有200个协商者（他们并没有分成更小的小组），太多的人将会对进行富有成效的对话产生影响。在那个“积极分子”的情境中，产生的是最具“教化”意义的协商。毋需惊奇，它至少做到了最低限度的成功。

许多参与协商实践的人想再次参与，并且与一般的公民相比，从总体上看更加见多识广，巴顿和曼特森的这一发现同菲什金和卢斯金（Fishkin and Lushkin，1999）的研究相吻合。这一研究进一步证实了我的推断，这样的协商机构将培育一种公民德性，在共产主义者和共和主义者看来，这种公民德性是民主社会正常运转不可或缺的。[①]

“为什么协商会议需要三分之二的绝对多数才能制定法律？为什么二分之一不够？简单多数不就能够满足各类多数主义民主的要求吗？”

在这一节中我所关注的细节看起来太技术性了：在这样一个早期设计阶段中，虽然绝对多数的基本理念能够在宪法中找到，把更多的外来概念强加于我们的政府形式上也许没有意义。虽然如此，我谈及它是因为协商会议制度化的任何努力都会招致批评，并且带来一种特定的影响：我试图建立对一种纯粹的制度权威的认可。如果投票者对这种直接民主的可能性过于激动，我猜测他们可能利用它来解决众多复杂而有争议的政策问题。允许协商会议解决所有政治问题可能伴随

① 关于竞争和效率的更多讨论，参见第六章（论我们能够从陪审团学习到关于群体动力学的一些知识）。

着危险。在某种意义上，我宁愿保留一剂“常态政治”的药方，当常规政治不能反映人民的心声而使他们感到不安的时候，他们将诉诸一种“革命性”会议，在第四章中提到的立法出现错误的案例中体现了该药方的运用。① 但是为了慎用“革命性”政治，使之适用于特殊情况，我试图增加通过该程序进行立法的难度。当然，也有很多人并不想增加“革命的”政治的限制性规定。

很明显，这种顾虑看起来是同我直到现在一直论证的观点的精髓是相抵牾的。如果人民主权的规范性概念要求建立一种像我所构思的协商会议，那么我就应该放弃绝对多数的原则，让公众部门去解决人民想让他们解决的诸多问题。② 如果我所论证的三权分立能够包容协商会议的观点是正确的，而阿伦特把选区制度看成是彻底革命的观点是错误的话，那么为什么还要为常规和革命的区分问题自寻烦恼呢？作为这一挑战的第二部分（关于革命问题——译者注）的反驳，首先就是重新定义革命的概念：我不想采用阿伦特（1965）的全新的、暴力范畴的革命概念。相反，革命只是动员大众的一种形式，或者是对社会运动的一种反映（这让阿伦特感到吃惊），其目的在于影响公共立法。

---

① 当然，常态—革命的二分法首先由库恩［Kuhn（1970）1996］引介，后来由阿克曼（Ackerman，1991）在他美国宪法史中关于“宪法危机”（constitutional moment）的讨论中引入政治学理论。阿克曼从未引用过库恩，但是他把两个章节的标题命名为“常态政治”（Normal Politics）和“高级立法”（Higher Lawmaking）（230 - 94）。既然协商民主开始流行，一些人喜欢把“危机”（moment）作为大众协商的一个情节。既然革命性政治看起来具有常规政治所没有的合法化能力［至少根据阿克曼的观点（1991）］，希望我的提议提供了一种产生更多大众协商的方法。而且，最近阿克曼努力清晰阐明危机的结构，他已经深为迷惑不解而苦恼；当“我们人民”事实上想表达，以及有一种值得听取的声音时，这一机制提供了更多的清晰信号。

② 参见 Buranheim（1985），他认为我们应该废除所有的代议制选举政治；以及 Threlkeld（1998），其主张相当激进，认为所有的立法都应通过陪审团审查。

作为解决前述问题的一种方法，我要再次引用混合政体的概念并坚持认为人民主权不是合法性所关注的全部内容，而仅仅是它的部分关注点而已。不要奢望协商会议解决所有的问题（参见第二章解释其原因：简而言之，这里有一个无限回归问题），因此应该制定适当的议题设置规则。什么样的特殊环境能够确保协商会议的运作与人民主权的原则相一致？除了应该防止其滥用外，我并没有什么硬性的答案；绝对多数的要求也能够阻止一些奸诈或虚伪的方法付诸实践，因为其赢得大众的几率并不是很高。它也能阻止与此类似的声音干扰"人民"，允许选出的代表苦心想出一种妥协方案——这是他们工作的常规需要。在很大程度上，我给方德（Founder）式共和主义保留了更多的完整性。

因为人民很少有机会去考虑变革或改革，所以我们当前的制度是有瑕疵的。两党制给公民的选择是非常有限的，并且政治活动变成了通过政治行动委员会（PACs）去影响政策制定者的金钱分配游戏。我想提供一种革命性政治行动的宣泄口，而不是鼓励一种真正的革命。当然，赢得绝对多数的支持总要经过一场艰苦的战斗。但当时机成熟，让公民在一项议案通过之前决定政治问题，而不是让政治家来玩政治，这将会更有效率，更加符合公民社会的要求。

作为绝对多数主题上的最后一个经验性注解，我可能应该说明绝对多数与革命性政治并非遥不可及。绝对多数的要求也许像全体一致的要求一样愚蠢；对意见一致诉求的依赖损害了社会的整个政治过程，多数主义是这个社会的程序法则。但是经验显示，即使是在大众民主带来的信息真空的条件下，绝对多数原则也是可以实现的。在1987和1988年的选举中，州范围内的69个措施出台都经过了"公民立法者”之手，其中23个达到了65%以上的同意率（Schmidt 1989，211－14）。从1970到1986年，在全州范围内投票通过的157件的创制中，53件达到了绝对多数（287－94）。[①] 而且，“马萨诸塞州和新罕布什尔州在全民公决中，都要求三分之二多数的公民同意来批准他们的最初宪法。在上述两个案例中，最初的草案没能达到这个多数，但是在通过权利法案之后，获得了这个绝对多数”（Mueller 1996，180，引自Butler and Ranney，1978，68－69）。[②]

欧洲也为绝对多数提供了有利的试验条件：

二战后困扰法国多年的政治动荡使得79%的法国选民在1958年的九月同意了一部新宪法。给予阿尔及利亚独立自主权并结束血腥的战争这样类似宪法问题的变革也被法国选民以多数通过，在1961和1962年比例分别是75%以上和90%。1972年爱尔兰的全民公决中，83%的公民认为要加入欧洲经济共同体（EEC）。1944年冰岛的选举中，98%的选民认为要从丹麦分离出来，成立一个共和国。（Mveller，1996，180）

各种事实促使丹尼斯·穆勒（Dennis Mueller）努力把直接民主要求的绝对多数设定在四分之三多数的水平上——一种甚至比我论及的更加极端的授权（182）。他认为，无论在多党制还是两党制政体下，多数政党都能够轻易地利用制度中简单多数的需要进行全民公决。大党能够为选民提供巨大的暗示，尤其是在令选民感到困惑的法律措辞方面。即使朱利安·欧拉（Julian Eule，1990，1516）是正确

① 用65%作为这里的一个基准是随意的：选择65是因为它是一个比我在这里推介的三分之二绝对多数稍低的一个大约数，但是高于五分之三的多数。

② 在巴特勒和兰尼（Butler and Ranney，1978，2）的早期著作中，他们为更喜欢“全民公决”（referndum）而非“普通投票”（referenda）作出了辩护。

的，认为“政党很少在投票方法方面持有一种立场，（并且）与候选人选举相比，（在全民公决中）外部的暗示很难取得”。穆勒（Mueller, 1996，181）也是正确的，他认为大党在一定的情况下能够滥用一种简单多数的需要。如果一个大党能够通过全民公决的方式使议案通过，那么它就能采取主要的政府改组方法使之长期受益。穆勒的典型案例：“在两种场合下，……爱尔兰全民公决的举行使得喜好一种类似英国两党制的选举规则取代了爱尔兰的比例代表制。全民公决由爱尔兰第一大党爱尔兰共和党（Fianna Fail）策动，它要努力扩大其权力。……通过基本规则选择政治结果应该比政治结果自身有更加伟大的永恒价值。”（181）

这就引起了这样的一种可能性：可以为不同种类的直接民主设定不同起点，一种是穆勒的建议，另一种是我在这里的建议。但是，也能够设计出更为复杂的方案：例如，州范围内的法律创制权只需要一个简单多数同意，而宪法的全民公决或者修改的动议则需要一个四分之三的多数。既然州宪法已经通过了一种巨大的代议过滤系统，那么其要求的强制性全民公决则只需要一个简单多数。国家宪法的修改的起点最高，就像我建议的，需要达到四分之三或五分之四。图表能够勾画，数据能够分析，等式能够计算。但是，在科学的计算结果出来之前，这里我仅仅把三分之二作为一个简单的指导方针。

现在，一个细小的挑战出现了：“一旦实行绝对多数原则，是否协商的任何后果在本质上都是无法预知的？甚至如果协商使大众意见产生了一些变化，那么是否这些变化都足以大到使之与绝对多数的需要产生差异?”

米歇尔·纳伯（Michael Neblo，1999）反复强调，他发现协商产生了一种中庸的同意。妥协预示着卡斯·桑斯坦（Cass Sunstein，2000）关于两极化发现的对立面。① 即使开始的时候协商者有着严重的两极分化，协商者也能学会妥协，在绝对多数的帮助下制定一个温和政策。

然而，回答这一问题的真正证据应该来自菲什金此前此后的发现。从1994到1997年的八个协商性民意调查中挑选的“选择结果”中，菲什金（Fishkin，1997，214－20）报告了协商后产生百分比变化的41个案例中的19个，这种变化将改变产生简单多数的某个方面。15个不同的问题通过这样那样的方式在协商后达到了绝对多数，而其中的9个在协商之前“已经”达到了绝对多数。但是在这9个之中，有3个出现了达到绝对多数的人群在协商之后肯定反对方的现象！进一步而言，在另一方面，9个之外的其他案例中，在协商之前首先达到绝对多数的问题在协商之后不能再保持他们的“领先地

① 在第六章详细地讨论桑斯坦的两极化主题。旁白：纳伯（Neblo，1999）提供了他检测的协商是否产生偏好转移的三个案例。在肯定性行动和是否允许同性恋服兵役的问题上，能够测出纳伯的协商者在偏好上的显著变化。但是纳伯把第三个案例——协商关于平头税（flat tax）的影响——称之为一个“例外”，因为它没有产生出大众意见统计上的有意义变化。纳伯的耶鲁同事杰弗里·盖勒（Geoffrey Garrerr）提出第三个案例对于检验协商是最重要的，因为它是一个所有的参与者都受到结果直接影响的案例。但是考虑到纳伯的协商者样本总是从大学生中找，他们并不清楚地知道免税代码比肯定性行动对他们的影响更大。而且，纳伯的协商者并没有像菲什金的民意测验中的协商者那么见多识广；纳伯花了很少的时间去下达指令，而更多时间去聆听。因此，我们应该希望在这种情况下，是因为缺少认识而导致了富有成效的协商失败。最后，当纳伯（Neblo，1999）注意到无论如何他的协商者在平头税方面反应不强烈，我们可以用它作为证据［就像我们对于史蒂夫·佛勃（Steve Forbe）的政治失败所做的一样］证明平头税并没有得到足够的大众实质支持而在公共议程上处于首位。这种最后可能的反驳允许我忽略纳伯的“例外”（outlier）发现，因为这样一个主题对于公众部门的协商陪审员而言不能够被赋予（通过公民社会的任何促进）首要的位置，其原因在于它并无机会达到一个绝对多数。

位”。并且，这些案例中的其中 5 个在协商之后在平均的简单多数方面有一个变化。即使菲什金在这里的数据是选择性的，但是它仍证实了这样一种主张：协商的结果将不会使绝对多数毫无用处，也不会很难达到。

第六章　他山之石，可以攻玉

提高民主制度协商性的策略要求我们经常关注现实存在的制度，把它看成制度设计的起点。基于这一原因，协商民主经常把陪审团作为我们政体中协商制度的一个最直接的例子，在那里普通公民表达了他们对统治法则的意见。最高法院对陪审团的首要作用做出判断，即依靠“一群外行的常识判断、一部分共同体的代表”，“（使人民）免受政府的压迫”。[①] 对阿克希尔·阿玛（Akhil Arma，1997，162）来说，陪审团存在的首要原因就是把权力赋予人民，赋予普通公民，以此抗衡政府权力。[②] 阿玛（Arma，165）引用托尔维尔的话，认为陪审团原则上应该是一项“政治制度，而非一项程序制度。它存在的

---

① *Apodaca v. Oregon*，406 U. S. 404，410（1972）。

② 最高法院认为这也是重要的，尽管没有清晰地表达这是它的首要功能。参见，例如 *Duncan v. Louisiana*，391 U. S. 145，155－56（1968），和 *Williams v. Florida*，399 U. S. 78（1970）。

目的在于增进陪审员民主，而非对不同的利益团体进行有效调节。”[1]虽然这一观念可能有一点言过其词，但两个原则都在判例法中起作用，[2] 它给了我们一个更好的理念：这就是新共和主义思想家经常指出的，陪审团是民主制度的精髓。托克维尔（de Tocqeville，1969，272）再次重申：“运用陪审团……看起来……把一种不同寻常的共和因素引入政府……因为它把事务的真正控制权掌握在被统治者手中，或者他们中间的一部分人手中，而非统治者手中。”阿玛注意到最高法院已经开始“重申这一托克维尔主义的观点，把选举和陪审团服务相提并论”。[3]

自从卡斯·桑斯坦（Cass Sunstein，1988）和弗兰克·米歇尔曼（Frank Michelman，1988）的重要文章发表以来，复兴的共和主义（协商民主是它的一个副产物）成了同流行的利益团体多元文化主义相竞争的一种力量（Epstein，1988）。把目光转向陪审团，我们能够看到协商民主如何被用来强调公共精神，这种公共精神往往与公民聚集起来讨论法律相联系：“陪审团给每个公民提供了参与权威职位的机会；使所有人感觉到他们对于社会的责任并且分享政府权力。人们通过关注公共事务而非仅仅局限于个人私事，从而与那些社会性铜锈

① 托克维尔（Tocqueville，1969，273，374）宣称“陪审团是建立人民统治和教给他们如何统治的最有效方式。”

② 比较 *Thiel v. S. Pac. Co.*，321 U. S. 217，227（1946）（Frank furter，J.，dissenting）（主张陪审团裁判权的存在是因为“享有司法行政权是一种公民责任的状态”），同意并引用见 *Taylor v. Louisanan*，419 U. S. 522，53－31（1975）和 *Williams v. Florida*，399 U. S. 78（1970）（认为陪审团是重要的程序捍卫者因为它的公正、一部分共同体的代表者和协商）。

③ 阿玛引用 *Edmonson v. Leesville Concrete Co.*，500 U. S. 614，625－26（1991）和 *Powers v. Obio*，499 U. S. 400，406－8（1991）。维克拉姆·阿默尔（Vikram Amer）首先使用了选举和陪审团服务的类比。两者不相类似的一点是，选举整个过程是自愿的，而陪审团服务如果没有正当的理由则是强制性的，这一点将会在我以后章节的讨论中阐明。

的个人自私作斗争。”（de Tocqueville，1969，274）陪审团在社会中产生了一系列积极影响，因此协商民主主义者希望借鉴陪审团为培育具有公共情怀的良好公民服务。尽管每一个陪审员来到协商桌前必然带着一些偏见和利益，但是杰佛瑞·阿伯瑞姆森（Jeffrey Abramson，1994，195）能把这一缺陷变为优势：“承认进入陪审室的陪审员带着一些被他们的信仰、种族、性别所形塑的观念和价值，并非要苛求那些具有偏见的陪审员要一味地保持沉默。它珍惜民主会议所激发的异常激烈的争论，就是因为它带来了不同的亚群体之间的一场共同对话。”而且，因为一些人经常决定其他人的命运，这就更容易在某一方面留下偏见。①

对那些赞美陪审团的人的第一反应——并且在本章中我们有机会找寻一些更具有经验意义的、有见识的反应——是普通公众是无能的，并且陪审团制度事实上使任何人试图在其基础上塑造一种民主制度都会感到失望。② 尽管如此，文学作品对于陪审团的描绘在这个问题上大体上是令人鼓舞的。③ “大多数民事和刑事陪审员试图建立一种

---

① 对于陪审团事实上并非是一个自治制度，而实际上是他治制度的有说服力的说明，参见 Primus 1997。

② 关于在最通常意义上设计参与式民主制度的公民能力的文章之最出色的收集者，参见 Elkin and Edward 1999。

③ 很明显，在本文这个主题上我不可能有任何的真正偏见。文学作品当然并非意义明确的，但是，研究证实了一种积极的假设，并且说明了为什么在能力问题上持一种谨慎的乐观态度。参见，例如，Simon（1980）；Hastie，Penrod，Pennington（1983）；Hans and Vidmar（1986）；Kassin and Wrightsman（1988）；Guinther（1988）。另参见 Constable（1994）：康斯特布尔同意陪审员的决定倾向于是不可预知的（因此启发将是无效的）、理性的（因此我们不必担心大众作出疯狂的决定）和正义的（因此我们不必担心偶然被选上的小团体将是专制的）。相反，她批评研究的方法论倾向。她认为他们想当然地采取了一种特定的法律和正义理论，并通过它们来评价陪审员的能力。通过假定为了正义行事意味着同律师和法官在同样的环境下考虑问题的方式相一致，社会科学作品总是假定正确和合法性优先于陪审团协商。她的关于社会科学家的假设也许是对的（在本文中几乎是一个颠覆性的批评），但是无论如何她们的发现应该冷静。

‘中立法官’（neutral judge）的角色。”（Gastile，2000，151）而且，“对数以百计的陪审团审判及模拟审判的研究数据表明，实际上无能是一种很少见的情况。陪审团有时候与法官作决定的方式不同，这远非无能所能解释”（Hans and Vidmar，1986，129）。

很明显，作为一个公共关系事务，那些协商民主主义者经常依赖于陪审团的殊荣。广泛的“民意支持刑事陪审团程序：在全国范围内，79% 的人认为陪审团审判是‘极端重要的’，而仅有 14% 的人……认为对陪审团审判‘评价过高，因为陪审团审判经常受到精明律师的掌控’”（Gastil，2000，174，引自 Hans，1993，254－57）。陪审团这一体现人民主权的制度的大行其道，向制度的设计者揭示了一个道理：越是把他们的建议同陪审团相结合，他们受到支持的力度就越广泛。

本章试图研究陪审团机制在大众主义的协商民主制度设计中的应用。虽然不能做得详尽无遗，但我还是希望首先展示一些设计者如何借鉴这个机制，然后讨论一些成熟的并需要引起警惕的注意事项。接下来我将讨论陪审团责任来临时，社会对强制的容忍问题。然而，当协商民主制度的设计者有可能支持一种强制性的（*compulsory*）协商制度时，这些利用陪审团机制的设计者们经常会丧失信心，因为他们相信，从根本上说，没有人能够强迫人民进行富有成效的协商。基于陪审团制度的优点，我认为协商民主主义者应该借鉴陪审团机制：服务是强制性的。就像本书中重复强调的，我希望把强制性服务作为我的建议中的一个强制性因素。

机制借鉴（及提示）

我认为，设计协商民主制度时，我们有足够的理由来关注陪审团。在陪审团价值的清单上我们能够增加更多的内容：例如，迈克尔·沃尔泽（Michael Walzer，1983，309）认为陪审团是有价值的，因为它能够培养“天生领袖”（natural leaders），通过帮助这些生来就有说服力的人，政治也变成了原本那样的政治。[①] 约翰·加斯蒂尔（John Gastil，2000，149）喜欢审判室的机制，因为他认为协商者需要提供一些具有方向性的意见，就像陪审团教育所提供的一样；他也赞同在协商小组协商之前赋予专家论证和磋商的权力。詹姆斯·菲什金（James Fishkin，1991，88）欣赏横向抓阄制度，它体现了随机和分层的价值，并且通过某个代议机构进行协商［即使仅仅是候选人，不是事实上的陪审小组，也需要体现陪审团的上述理念］。[②] 陪审团

① 第五章注意到了这一点，试图遏止机会主义的盛行，我仍旧最终采用了公众部门作为一种制度，在这种制度中协商者能学习到他们想服务于公职部门的能力。

② 在一系列的案件中，最高法院已经清晰地表达了代表性的理念（并且，其作用并不是为了事实上的陪审小组的需要，而仅仅是一个智库。）参见例如，*Glasser v. United States*，315 U. S. 60（1942）（陪审团应当是共同体的代表）；*Ballard v. United States*，329 U. S. 187（1946）（这样的代表不排除妇女）；*Thiel v. S. Pac. Co.*，328U. S. 217（1946）（代表需要阻止有意排除工薪阶层的行为）；*Hernandez v. texas*，347U. S. 475（1954）（代表需要得到宪法的确认，并阻止基于种族基础选择陪审团）；*Williams v. Florida*，399 U. S. 78（1970）（陪审员的数量并非像他做到公正地代表的能力那么重要）；*Apodaca v. Oregon*，406 U. S. 404（1972）（重申公正的代表原则，尽管发现只要每个人听到这一原则，没有不一致的判决违背它）；*Taylor v. Louisiana*，419 U. S. 522，538（1975）（支持“公正的代表原则”，但是注意到“被告人没有被赋予任何一种特定身份的陪审员角色……但是陪审团出自的陪审团机构、名单列表、协商小组或者陪审员召集令必须不能系统地排除社区的特定群体，而导致不能被理性地代表”）（引用省略）；*Holland v. Illinois*，493 U. S. 474（1990）（公正的代表运用仅仅需要陪审员库，并非需要特定案例中的陪审团。国会也采取行动确保代表性）。参见 Jury Selection and Service Act of 1968，28 U. S. C. §§1821，1861－69，1871（1994）。关于我们对于代表性陪审员的不确定责任的经典性研究，参见 Van Dyke（1997）。

之所以引起拉尼·吉尼尔（Lani Guinier）的注意，是因为它是一个论坛，在这里鼓励多数不要忽略少数的决策程序削弱了标准的一人一票体制（Guinier 1995，106 -9）。我推崇司法事务的分权，陪审员同法官一样具有做出决定的功能；这符合出三权分立的基本原则。

除了这些主张利用陪审团机制的正面理由，我需要证明在现实中陪审团机制的确产生了积极的影响。在本章的这一部分，我展示了协商民主内部设计者利用陪审团机制的情况，说明了他们的设计建议对传统制度的扬弃情况。在警钟敲响之前，我想粗略地探讨一下三个不同的大众主义方法借鉴陪审团机制的缘由，这些大众主义方法有利于提高现存政体协商性。

詹姆斯·菲什金的协商民意调查

菲什金（Fishkin and Luskin，1997，1991）和他的协商民意调查中心创造了一种试图用具体案例证明协商民主的制度。这是一种民意测验的形式，旨在收集随机选择的公民（分层以体现代表性）中掌握相关信息的机构关于各种政策提议的评价，试图反映“如果公民有更多机会接近争论中的问题，他们（更经常地）将会如何想”（Fishkin，1991，1）。这些成熟的民意对于协商会议的具体参与者和一般意义上的政治共同体都有诸多好处。这些参与者与普通公民心心相通，他们一般参与周末举行的协商会议，协商民意调查使公民和政策制定者认识到选民在协商的条件下会做出怎样的决定。协商民意调查也是一种把某些“面对面的”民主注入到缺乏人情味的多元政体的一种方式（Laslett，1956，157）。对于协商之前和之后的调查检验了协商的效果，并且通常也展示了非正式的和正式的公共意见之间的差异。许多这样的差异归因于面对面的协商具有争取同情的能力。尽管在不同的地区（包括其他国家）有许多不同的协商会议形式，但是最近的一个案例将足以支撑这一理念。

一个研究团体（包括我自己）[①] 在2002年三月的第一个周末，把大约133个属于大纽黑文（Greater New Haven）地区的康涅狄格州居民带到纽黑文参加协商民意调查。这些参加者是从大约500个随机地被邀请参加的人中挑选的样本；我们为周末来纽黑文地区的潜在参与者提供了200美元资助（并且提供另外50美元去做一些相关的工作）。我们从不同地区精选一些人对两项政策议题进行协商：一项是地区性的税收分摊计划，一项是地方小机场的用途建议。公民在周末协商之前得到了对称的信息资料，并且知道周末要通过三个全体会议（plenary sessions）进行协商。协商正常运行，协商者被随机分成不同的小组，每一组由一名来自妇女选举联盟的人主持会议。协商之后，我们制作图表检测偏好的变化。纽黑文民意测验和先前的民意测验一样，证明协商改变了协商者偏好（Fishkin，1997）。这次协商民意调查给了参与者在协商会议之后在随后的市政会议中向其所在地方的法律制定者表达意见的机会。

我们能够立即很清晰地看到，陪审团机制是如何应用到协商民意调查技术当中的。全体会议和信息资料就是证据；小组协商和陪审团协商相似，要在论坛中对有关证据的说服力做出判断。而且，和选择

① 本研究团体的其他研究者是茜西·法勒（Cynthia Farrar），菲什金，唐纳德·格林（Donald Green）和罗伯特·拉斯金（Robert Luskin）。在写作阶段，政治心理学家伊丽莎白·帕拉克（Elizabeth Paluck）加入了此项目。事实上，参与者是通过妇女选举者协会招募的，以此确保他们不知道自己是试验的一部分。此项目得到了卡耐基（Carnegie）、福特（Ford）、费舍尔（Fisher）基金以及大纽黑文地区社区基金的赞助。

陪审团一样，协商民意调查也采取抓阄制度来选择参与者，每一个公民都真正有机会去服务，这体现了它的包容性和代表性（Fishkin，1999，88）。在这里，随机选择是相当重要的；在统计学意义上的代表越多，就越能更好地达到广泛代表的目的，这也恰恰是陪审团的一个热望。[①] 没有专横的挑战使程序走样，即使自我选择常常导致这种挑战。

虽然菲什金同意把协商民意调查作为试验，并为立法者提供参考，但是他希望得到广泛应用，从而提升人民主权。在没有刻意考究的情况下，菲什金在他的建议的系统陈述中清楚地提到了利用陪审团机制。他写道："（协商民意调查的参与者的）角色应该被认为同陪审员的角色相似。如果这一事件最终被制度化，它就应该被认为是公民的一种责任。"（Fishkin，1991，9）把协商民意调查与公民身份相结合是借鉴陪审团机制的另一种做法，就像我们把陪审团服务作为一种公民责任。

当然，当代陪审团与协商民意调查中的协商有着巨大的差异。在一定程度上基于这个原因，菲什金援引了希腊人的制度观，那里的公民陪审团"与我们当代的公民陪审团相比，具有更广泛的决策领域和决断能力，并且他们的典型人数是500人左右"（87）。这些古代的陪审员，"在当代评论家所知道的范围内，具有一种事实上的决定

① 在这里也许我应该注意到，当然有一个代表（representativeness）和随机（randomness）之间的区分。一个随机的样本（如果足够大）通常将是具有代表性的，但是代表性也能通过其他方式达到。随机选择在本文中是重要的，因为通过这种方式达到的后果对于整体人口而言更加容易被推断；在经验范围内，随机尤为重要。而且，选择"代表性"样本的任何其他方式所出现的潜在割据化（balkanizing）后果将同这一方式相抵牾。我感谢法勒的帮助，能够使我更加清晰地区分随机和代表。如果不考虑哪一种优先的话，则自我选择需要避免。

什么是非法的自由权”，而且他们具有更多的政策事件的普通司法权(88)。甚至在早期的盎格鲁血统的美国人传统中，陪审员也有更为宽泛的权力，而非仅仅是表达民意（Gordon 1992；Howe 1939）。当然我们还可以列举出更多的差异：陪审团没有主持人，以确保每个人都有机会发言；陪审团通常需要全体一致作为一种决策规则，而非什金式协商团体无须达成共识或进行“投票”；陪审团协商要保密；陪审团协商关乎其他人的命运，而协商民意调查的参与者协商关乎他们自己的命运；大多数陪审团并不讨论政策（除了无效的），因为他们首先是民意表达者；等等。我能够继续罗列很多，但是这里的观点是简单地展示对陪审团机制的运用。就像我们将要看到的，这些差异在克服协商民主存在的问题上将大有裨益，陪审团无疑也包含其中。

参与性政策分析

就像我在前面提到的那样，罗伯特·达尔建议每一个公民都要成为一个民选官员而服务于咨询委员会一年。咨询委员会成员应该彼此保持电子联系，并且应该作为一个制度化的机制履行在法律上监督代表的职责。彼得·德莱昂（Peter deLeon，1997）的提议与之类似，他建议增加面对面交流的环节，随机选择那些可能被特定政策影响的公民，在一年时间之内，与政策制定专家和官员会面，在行政事务上影响他们决策。[1] 他称之为参与性政策分析（PPA）：向一些外行的公民进行咨询和协商能够使行政国家合法化。德莱昂坚持“扩大PPA小组的期限……因为它既允许一个协商小组得到主题范围内的特

① 对于这一理念在法律评论方面的尖锐批评，参见 Wright（1992）。

定知识，也能够使其对于其他人更加熟悉。一个更长的期限能够帮助他们克服局限性”，这与菲什金的协商性民意调查有相通之处（DeLeon，1997，112）（并且，参与者应不断更新，因为参与者的长期服役会导致政治交易，就像一个陪审员多次主持案例就会导致投票交易一样，对这一现象我们感到失望）。同 PPA 思想相联系的征募已经诉诸陪审团服务的强迫性，菲什金对此这些事情敬而远之，因为他最感兴趣的是试验阶段。但是，在 PPA 中，因为征募服务是一整年，这一计划就看起来不可行了，同样 PPA 理论家证明强制性服务的合法性（或者甚至为它一贯地进行辩护）也是不可行的。

德莱昂把 PPA 与陪审团进行了清晰的类比，同时也更加谨慎地描述了它们之间的差异：“PPA 的公民参与概念同陪审团的参与概念相类似，这一类比同样来自菲什金。他写道：‘在某种意义上，这两种参与都意味着普通公民的代表性。它们都建基于这样一种理念：当普通公民沉浸于相关事务时，他们都能够处理复杂的智力问题’。”（112，引自 Fishkin，1991，9）然而，德莱昂认识到“这与陪审团概念还相去甚远。例如，公民陪审团并不像刑事审判中的陪审团那样去决定政策，而是他们设计用来向政策制定者提供‘建议’”（112）。①

除了范围广泛的理论设计事业之外，奈德·克罗斯比（Ned Crosby 1995；Crosby，Kelly，Shaefer 1986）和位于明尼苏达州的杰斐逊新民主程序研究中心已经发明了一种他们自己的陪审团制度，在试图给予行政机构建议的范围内它的核心也是 PPA。他们提出并实行一种 12—18 人的选举陪审团程序，这些陪审团掌控选举活动并获得公

① 当然，尽管现在的刑事陪审团做出关于事实的决定基于政策考虑，但他们在相关的意义上并不做政策决定（除了无效的之外）。

众建议。他们一种“政策陪审团”的试验，这些人抓住诸如器官移植道德规范（Fishkin，1991，97）和环境政策等议题。这些陪审团被赋予通过回答一系列问题而做出“特殊”（special）裁决的权力，并且通常需要达到共识（Gastil，2000，130）。当然，所有这些听起来都跟本文中的陪审团非常相似。

杰斐逊新民主程序研究中心，也清晰地进行了类比：“公民协商小组制度模仿陪审团制度”，并且“建立在同陪审团制度类比基础上”，目的在于体现陪审团的各种价值：代表公众；减少政策制定的专家色彩及影响政府（Crosby，Kelly，Shaefer，1986）。与菲什金强调了解民意不同，克罗斯比最感兴趣的地方在于让“人民自己”同政府官员联系（171）。他引证了“空洞的参与仪式”与事实上的政策影响之间的差异（173），并且认识到 PPA 总是不尽完善的，提建议仅仅是第一步，“更多的工作应该是使如何让当政者真正采纳建议”（177）。菲什金（1991，106）对此作了很好的注解：克罗斯比的“公民陪审团试验使用了太小的样本……以致不能提供科学意义上的误差”。既然公民陪审团并非科学意义上的代表，那么认为其反映了人民的心声，可能就夸大其词了。不过，从 PPA 的建议中，我们还是能够清晰地看到借鉴陪审团机制的价值。

协商小组影响立法

约翰·伯恩赫姆（John Burnheim）宣称了代议制民主的终结，取而代之的是，他希望通过随机挑选的公民小组就各种政治议题进行争辩，为整个政治共同体制定政策，并通过这种方式使协商制度化（Burnheim，1985）。正如我们所料，在这一思想的指导下，伯恩赫姆试图取消代议制政府并且——不像大多数协商民主主义者——认定当前选举政体的病症是不可治愈的。西蒙·斯莱克德（Simon Threlkeld，1998，5）用同样激进的方式提倡公民陪审团要在所有的法律制定程序方面都有最终决定权。他实质上是提倡废除代议制政府，允许公民自己决定法律的内容。至少在斯莱克德的那里，他主张借鉴陪审团机制，即“从全体公民中随机选择一群公民，把他们召集起来做出成熟的决策”（5）。在协商民主的这种思维模式中，陪审团需要承担最多的工作，但它有所突破，允许陪审团作为立法者行事，有些事情传统的陪审团可以做，但是现代的陪审团却不能做（尽管这些事情当然在它的权力范围内）。[①]

约翰·加斯蒂尔（John Gastil）的观点少了一些激进，他综合了克罗斯比和菲什金的观点，找到了一种使公民协商小组影响立法的方式，并把代议制民主放在了恰当的位置。他欣赏克罗斯比把“人民自己”同公职人员相联系的理念，同时借鉴了菲什金对于搜集公众意见并把它散布给选举者的做法。他的“基本建议是投票者有途经了解到公民代表关于候选人协商的结果以及选票中涉及的问题”（139）。他也利用分层随机抽样技术去收集一些有代表性的意见。协商小组有不同的形式：“优先协商小组”（priority panels）关注对公众而言最重要、最突出的议题，政治家应该把这些议题提上日程（139－47）；“立法协商小组”利用优先协商小组设定的日程提出一

① 在陪审团权力范围内的废除权已经毫无争议。而关于它的权威和智慧是一个必然的争论。就像一个法庭所论述的，“陪审团废除权是一个不幸，但是一个不可避免的权力”。State v. Ragland，519 A. 2d 1361，1372（N. J. 1986）关于最高法院的权威论述，参见 *United States v. Sparf*，156 U. S. 51，102（1895），主张“刑事案件中陪审团的责任就是从法庭中找出法律并把它运用到他们找到的事实中”。

些关于如何解决政策议题和评定立法候选人的建议（147－55）；“咨询小组”被地方政府用来决定如何执行政策（155－58）；“候选人选举协商小组”帮助评价非立法职位的候选人（158－60）；“普通投票协商小组”为政治共同体采取有关投票措施进行选举提供建议（160－62）。这些协调小组的共同点主要是“基本结构是类似的：每一个协商小组都包括挑选随机抽样的公民，选择证人，召集公民协商会议，利用决策规则去记录投票结果和协商过程中公民发表的观点”（162）。

在这个新的制度设想中，依然可以清晰地看到与陪审团的相似之处：加斯蒂尔选择协商小组参与者的来源和选择陪审团人员的来源是一样的（156）。而且，他利用陪审团来控制协商小组，并且希望对专家在协商小组前提供虚假证据的伪证行为进行监督和控诉（144，149）。当然，他也认识到“公民协商小组在许多重要的方面不同于陪审团。陪审团讨论不受公众意见影响，有一个相对较为松散的结构，并且不需要外部的仲裁者。这使得占主导地位的社会团体更加容易去掌控权力。公民协商小组的协商受到外部的评论和评价的制约，因此它们很难催生不公正的判决”（169）。在最后的分析中，加斯蒂尔只希望他的协商小组能够体现陪审团的价值，“九大法官（在1972年的约翰逊和阿普达卡案例中）一致称赞理想的面对面协商，因为在那里参与协商的人员，要对他们自己所属群体保留适度忠诚，同时与其他人共同追求一种规则：权力的获得有赖于说服不同群体形成共识的能力”（Abramon，1994，192）。

关注象牙塔外的真实世界

尽管上述每项建议都有赖于陪审团制度（同时具有和陪审团迥异的特征），但是也有很多建议反对借鉴陪审团机制来设计民主制度。[①] 特别是卡斯·桑斯坦和泰利·蒙德伯格（Tali Mendelberg）用经验社会科学对准最棘手的问题：在团体环境中进行富有成效的协商可能吗？[②] 难道不存在其他小群体交流方式，偏偏需要通过小群体协商来为包容性政策服务吗？[③] 我只能简单地概括他们这些令人烦扰的观点，然后解释为什么大众主义的协商民主不必因此而颠覆。但是，这些研究值得我们注意的是，为协商民主服务的理论建议至少应该面对象牙塔外真实的协商现实，注意到真实世界的协商如何经常被协商理论自身所曲解。

桑斯坦

卡斯·桑斯坦提出了一个反对构建协商民主制度的理由。他问道，从根本上说，如果协商的一些弊端普遍存在于所有协商机构当中，那么我们为什么还要把民主合法性建立在其结果不可避免地受到

① 特别参见 Sanders（1997）。古特曼（Gutmann，1999，229－30）认为陪审团并不是一个非常好的民主制度例子，因为它并没有把多数规则作为一种决定程序。尽管本章探究一个陪审团类比的不完全运用，但接下来的工作就进一步研究为什么全体同意或者全体一致（或者甚至是多数规则）作为一种决定程序与大众主义的协商民主程序相比是有缺陷的。我对于绝对多数需要的临时抗辩可见第五章和本章第 108 页注②。

② 在这方面，也可参见 Stokes（1998，123）。

③ 当然，协商民主的观点并非要绝对的公平，民主政治从来不保证最公平的结果。只要我们不踩进违反宪法的领域，协商民主就将经常坚持协商决定的政策。

动机严重影响的制度上？在发表于《耶鲁法律期刊》(Sunstein 2000)(用一个其他的名字发表于政治哲学杂志，具有更少的脚注）的文章中，他最感兴趣的是这些动机之一：信息和名望差异带来的群体极化。他发现“群体极化是协商机构中存在的最稳健模式之一……极化‘产生于群体中的个体最初呈现朝某个给定方向发展的时候，并且随着群体讨论的进行不断加强’”　(85，转引自 Isenberg 1986，1141)。引人注目的是，在这一模式中，群体倾向于“做出比群体中的典型个人或普通个人更极端的决定”(85)。[①] 一般说来，推动极化的是无法弥合的信息鸿沟，而协商程序加剧了分化过程：“当（朝向两极化的）的转化出现，群体和群体成员移动并且联合，并非朝向先前部署的中间而是向这些部署所指明方向的一个最极端位置移动。协商具有降低群体成员间分歧的效果（就像减少群体差异一样），也具有使协商之前的判断在一个相对极端的观点上集中的效果。”(85 - 86)尽管桑斯坦展示了这一现象的广泛性，但实际上只要一个实例就能说明。在一项关于陪审团协商赔偿金的研究中发现“在任何一次赔偿中，协商后的结果基本上都超过了中间投票者选择的赔偿金额”(Sunstein，2000，96)。

桑斯坦系统地分析了极化的原因。从进一步放大愚昧观点的人群封闭问题到更为普遍的有限信息共享问题，能够很清晰地提供多种原因来解释群体动机。但是我们也必须要问，动机是否内在于所有的协商，或者问题是否在于制度设计而非协商民主理论。我们能够控制协商环境而避免极化吗？

---

① 当然，桑斯坦并非注意到这一现象的第一人。总体参见 Moscovici and Zavalloni 1969 and Lamm 1976。

当桑斯坦看到从菲什金的协商民主测验中所甄选的证据时，他甚至要承认失败。他认识到“菲什金的群体没有走向两极化，至少没有系统地走向两极化；这一结果毫无疑问是特定环境的产物，在那里有关每个有待协商问题的信息都比较完备，这些信息包含了事实和价值”（73 n. 6）。菲什金的群体没有走向两极化的其他原因包括：

第一，菲什金的协商者没有作为一个群体进行选举，并且当发现群体极化现象时，也不存在需要达成的群体性决策。群体极化的程度会因为不用被迫达成群体性决策而降低。第二，菲什金的群体受到调解人的监管，这一保证一定程度的开放性的努力有助于改变极化。第三，菲什金的群体具有高度的差异性，飞地协商是不可能的。第四，在菲什金的研究中，为参与者提供了一系列书面文件，这些文件包括了争论双方的详细观点，旨在平衡不同的观点。这样做的可能后果是，那些受群体争论影响而不受外部权威材料影响的人群中，会出现多样化的观点。实际上，寻求平衡的努力应着力于把绝对多数分成小的群体，使双方代表都达到50%左右的水平上。（117，引用略）

基于菲什金的民意调查昭示的可能性，关于极化的最终结论是“群体极化可能被提高、降低，甚至可能通过制度安排中的小小改变而消失”（117）。这意味着协商的弊病也许是一个设计问题，而非协商民主借鉴陪审团机制带来的问题。

请注意我的设计是如何利用这些成果的优点：我采用了菲什金的许多设计，比如样本和调解协商者；我需要投票，但聚合程序是一人一票制，因此群体决定事实上并没有限制群体协商；并且我需要用绝对多数来消除调解（moderation）的负面影响。

蒙德伯格

泰利·蒙德伯格也对协商制度提出了许多警告。她提醒设计者，现实世界的“协商有时候是不平等的，并且可能导致更大的冲突”（Mendelberg forthcoming，5，引自 Larmore，1996）。尽管她赞同社会困境实验（social dilemma experiment）得出的结论——面对面的交流是加强合作最好方法[①]，尽管她也认为“谈话能够创造一种群体利益的规范，其中每个人都能够认识到他们的自我利益是同群体的每一个其他人的利益相一致的”（7），[②] 尽管她也主张“个体之间的协商产生的共鸣的程度超乎理论家的意料”（8），但是她还是提出了一些要对协商保持警醒的理由。

她引用的陪审团研究具有教育意义：“在一个 12 人的陪审团中，其中 3 个成员的言论超过了总体言论的一半，20% 以上的陪审员实际上是沉默的。对于陪审员的研究发现，具有较高地位的陪审团成员（他们具有更有威望的地位、更丰厚的收入、更好的教育等等）倾向于多说，提供更多的建议，并且他们的判断被认为更为正确。”（21，引自 Strodtbeck et al，1957；Hastie，Penrod and Pennington，1983，92）这就意味着协商团体可能会压抑一些声音，因为任何一个鼓励谈话的制度都将退化成“善于表达者的统治”（Epstein，1988）或者一种“话语游戏”（Cohen and Sable，1997，330）。就像蒙德伯格

---

① 她引用 Bornstein 1992，597 - 606；Ostrom 1998；Dawes et al. 1990，97 - 110；Sally 1995（发现面对面的交流能够提升合作的 40% - 45%）。

② “这一规范反过来导致个人在群体利益最大化的目标下行动。通过讨论人们改变了他们的认同，把他们的自我观念包含于群体之中。群体利益作为自我利益的一个启发存在。”（Mendelberg forthcoming，7，引自 Dawes et al. 1990）菲什金在他的群体中也发现了同样的动力，尽管我们纽黑文地区的民意测验在进一步检测这一现象方面还有待考察。

（22，引自 Strodtbeck et al.，1957；James，1959；Mansbridge，1983）正确指出的："阶级总是同一系列主张和利益相伴。因为受过较高教育的人参与会相对较多，他们特定的阶级主张和利益就可能得到更好的表达。"①

因为人们提出的为协商服务的协商制度，几乎都不是纯粹的事实发现，我们需要关注蒙德伯格一个令人烦扰的特别发现："有关价值事宜，协商的机会可能变成反协商的机会。即使他们试图转向以讨论为中心，也不可能改变他们的想法。协商民主的倡导者在推动关于事实方面的协商做得相当好，但是在推动有关价值问题的协商方面却毫无作为。"（14，my emphasis）因为协商民主主义者很少商讨价值事宜，在本书我也如此，所以我们需要对协商存在的这个内在问题保持警觉。

即使考虑到蒙德伯格的警告，制度设计仍然是有所裨益的：蒙德伯格很清楚，反协商的现象只有在一种无结构的环境下才有可能产生。在调解人使剧烈的冲突分散化的情况下，协商仍然有可能改变参与者的想法，并且带来文明举止和感情共鸣。她甚至承认："令人鼓舞的是，领导者是弱化反对讨论时信息共享的群体偏见（走向极化和层化就是其中之一）的关键因素……在实践中，有一个辨别能力强的领导者，群体将会做得更好。"（38，引自 Larson et al.，1998，482，493；1996）因此，加斯蒂尔和菲什金（和雷伯）在他们的制度设计中坚持调解性协商，我们对此不足为奇。加斯蒂尔（Gastil，2000，169）注意到，"总体而言，社会地位差异带来了交流方式和技巧的不同，但是精心设计的群体行为可能降低——甚至消除——强

① 然而，值得注意的是，最初的判断偏好似乎不总是同种族、地位和性别相联系。参见 Hastie，Penrod，以及 Pennington（1983，128－129）。

迫群体服从于特定观点的潜在可能”。这一敏锐发现，肯定会成为人们钟爱菲什金和加斯蒂尔模式，而不是 PPA 模式的原因，因为在 PPA 模式中，协商制度可以在没有指导和领导条件下发挥作用。但在下一节中，我将倾向于 PPA 的一个建议并说明理由，强调我贯穿始终的建议——服务是强制的。最重要的是，我希望表明科恩和萨贝尔（Cohen and Sabel，1997，327）是正确的：“协商具有失败的可能性，但这不是反对对协商进行改进的借口。”

对陪审团机制尚未充分借鉴的一个价值：强制性服务

记者和学者不断提出建议，旨在强迫公民承担基本上是自愿性的公民责任。最明显的例子就是，密科·考斯（Mikey Kaus）强调对于美国年轻人而言，为国家共同体服务同征召入伍一样具有强制性（Kaus，1992，78－102）。在“公民自由主义”的服务日程上，他以实现社会身份平等化为目标，并且通过种族融合与阶级融和的措施达到这一目标。他相信在美国，用资源的平等结束“金钱自由主义”的压迫之前，平等是很难实现的，他提出了几个旨在使社会地位平等化的强制性措施。①

尽管全体公民对新提出的强制性措施总体上是持怀疑态度的（在你的一生中多少个措施能够付诸实施?），但是陪审团是一项具有广泛参与的老制度，虽然具有一定的强制性特征，但还是得到了持续

① 社会地位平等化的核心传播者是萨科拉（Shklar，1991）。

的支持。[①] 在自愿主义的公共领域中，政治参与一般是选择性的，陪审团属于这种最低形式的选择自由（Walzer，1983，163）。没有任何潜在动机要完全废除陪审团制度；即使最尖锐的批评也并不指责它的强制性特征。[②] 因此，令人惊奇的是，很少看到协商民主主义者借鉴陪审团机制去为强制性政体辩护。例如：加斯蒂尔（Gastil，2000，141）写道："一些人以陪审团为例类推，强制公民参与协商小组，但是我倾向于允许公民作出他们自己的选择。"从公民责任和合法性以及代表性和公正的角度看，强制性陪审员责任和协商会议中的强制性参与都是理所当然的。

公民责任和合法性

法庭经常把陪审团服务作为公民对于他或者她的政体的一部分责任。在泰勒诉路易斯安那州（*Taylor v. Louisiana*）一案中，法庭确认陪审团审判的存在是因为"分享司法行政权是公民责任的一个阶段"。[③] 在美国诉拉兹克威兹（*United States v. Raszkiewicz*）一案中，第七巡回法庭注意到陪审团的部分服务即是"进一步强化司法行政权中的参与是公民的一部分责任的观念"。[④] 这一陪审团服务与公民

---

① 关于主张"在他们的服务结束之后，绝大多数的陪审员，甚至从来没有参与过审判的陪审员，都喜欢陪审服务，都对陪审团制度充满信心"的观点，参见 Diamond（1993，285），引自 Munsterman et al. 1991，附录 C（1991）（发现 72－90% 的陪审员在陪审服务之后对于陪审服务有一个积极的态度，并且发现在 8468 个回答者中 58－86% 的陪审员的态度有所提高）。也参见 Pabst 1976（发现三分之二的陪审员在陪审服务之后变得更加喜欢或者仍旧喜欢它）。

② 用更简短的词语说，甚至很少有人不愿去服务（Pabst，1997）。

③ 419 U.S. 522，530－31（1975）（引自 *Thiel v. S. Pac. Co.*，328 U.S. 217，227［1946］（Frankurther，J.，dissenting）.

④ 169 F. 3d 459，466（7th Cir. 1999）。

责任相连接的总体原则，很明显是强制性服务法律制定的部分原因。当然，人们肯定经常试图逃避这一责任。但是，作为社会而言，我们认为陪审团服务是为数不多的公民责任之一。就像阿伯瑞姆森（Abramson，1994，252）所写道的："陪审团服务每年都要落到成千上万的美国人身上，使得陪审团制度成为今天美国参与式民主的最广泛例子，尽管所有的漏洞都允许个人逃避这一服务。"例如，在1990年，400万公民出现在联邦地区法庭宣誓一切照实陈述；更多的人出现在州法庭上。

协商民主主义者对公民在一个有着健康机能的共和主义政体的参与角色保持敏感，特别是当他们强调——就像我所强调的——参与重于协商时。[①]（记得托克维尔认为陪审团是共和制度的一个经典例证 *par excellence*。）从一定意义上来说，人民主权是协商民主主义者的一种理念——即使它并不像阿玛（Amar，1998，119－33；1994）走得那么远，使其成为整个美国政府设计的核心——要在一种"实质意义上"达到这种理念，必须使之成为服务于使结果变得更加有协商性的制度重建工程的一部分。因此，随着更多的人民心声得到反映，合法性也不断加强。通过用技术工具展示公众意志形成的方式，协商民主主义者推动人民主权的扩大，并且相信合法性总是同生活在他们自己创制的法律下的国民相关。例如协商民主之父哈贝马斯（Habermas，1996，110）坚持认为，"协商政治获得它的合法性强力来自分散的……意志形成"（304）。因而，制度设计者如果要设计分散的或协商的结构，理所当然就应该关注制度带来的合法性。

① 我对于这一偏好的论证参见第五章。

至少，我们可以说，虽然我刚才提到的多数制度设计者基本上偏离了三权分立的代议政体，没有受到大众协商的直接影响，[①] 但是他们一直认为他们的制度在收集民意方面比选举政治更有协商性，因此对于人民主权贡献更大。通过人民主权，他们能够达到或者至少可以接近自我立法的目标（尽管这与我主张人民主权的水平相去甚远）。虽然许多协商民主主义者因为公民参与的“教育性”影响才欣赏它，[②] 这也是托克维尔推崇陪审团的原因，但是参与受到推崇（尤其在我的建议中）也是因为它能够实现哈贝马斯主张的真正协商政治——一种人民主权的政治——的合法性。菲什金（Fishkin，1997，40）、德莱昂（deLeon，1997，87－91，94，103，106，110，115）、加斯蒂尔（Gastil，2000，22－23）和我在论证我们设计的过程中都引用哈贝马斯来说明为什么大众协商应该制度化。[③] 克罗斯比（Crosby，Kelly，Schaefer，1986，171）把他的制度设计定义为如何让“人民自己”影响政策——这是一个明显的人民主权诉求。

尽管让所有参与协商民主主义者所推崇的自由和平等对话是不可

---

① 斯莱克德和伯恩赫姆是值得注意的，但也是不成熟的、天真的和乌托邦式的（在伯恩赫姆的案例中自觉如此）例外。

② 参见，例如，Dewey（1954，208－9，211，218）。卡罗尔·帕特曼（Carole Pateman，1970，42）也由于参与的“教化”功能而对之评价甚高，“在最广涵的意义上，教化包括心理学方面与得到民主技术和程序的实践方面”。菲什金（Fishkin，1991，52）注意到，“这一论证最有效地在小规模的、面对面的环境，尤其是车间民主和类似于家庭的区域政治环境方面发挥作用”。这就帮助解释了为什么我仅仅用“城邦羡慕”（polis envy）来关注协商民主主义者，并且并不关注电视民主建议的细节和利用电视交流与网络技术。关于这些，参见，例如，Becker（1981）和 Etzioni（1972）。

③ 有一件事应该变得逐渐明朗：我并不认为德莱昂对于哈贝马斯做了一个最大的精心利用是偶然的，因为他设计的程序是最接近于需要强制性服务的。

能的，但是当前代议制政府也无法满足协商民主实践的需要。[①] 本文需要说明的是，毫无疑问，有些人在推动变革方面走得太远，大多数人在鼓励大众参与方面做得还远远不够。从整体上说，这里关注普通公民——就像陪审团一样——表达他们成熟的偏好。阿伯瑞姆森（Abramson，1994，11）谈到亚里士多德和陪审团时，也同意“亚里士多德认为民主的首要价值来自不同生活世界的人们达到任何个人不能单独达到的‘集体的智慧’（collective wisdom）的方式。极而言之，陪审团是连接民主、协商和普通人的智慧成果的最后的、最好的避难所”。就像杰里米·沃尔德伦（Jeremy Waldron，1999，9）一样，大众主义协商民主主义者认为还有其他实现亚里士多德“多数智慧的原则”的方式。[②] 但这必须达到两个条件：一是公民必须当面协商并且相互尊重；[③] 一是我们的共和主义民主允许强制性服务，允许强制实施一段时间的自我牺牲。[④]

当然，麦迪逊式政体的标准线是共和主义政治必须通过——事实上它积极地需要——代议制政治来满足。人民主权作为合法性的一个条件，在选举政治中表现为大多数人对现状表示满意。在麦迪逊最权

① 在这里，只有大众主义观点关注我。许多制度设计者满足于试图使我们现存的政体机构，诸如议会和最高法院变得更加具有协商性，但是这些方法并不是本章关注的焦点（或者说这本书——再次参见第二章对原因的阐释）。罗尔斯（Rawls，1996）和费内中（Ferejohn，2000）都把他们的精力放在使现存的制度更加具有协商性上，并且不能实践一种更加完整的制度设想（并且不能相信大众）。

② 关于这一争论的另外一个著名版本，参见 Rawls（1971，358－359）（“讨论是一种整合信息和扩大争论范围的方式。至少随着时间推移，公共协商（common deliberation）的后果看起来确定会使事件升华”）。

③ 沃尔德伦认为多数的智慧也仅仅是在协商主体在大会上相遇并且成员面对面地问候时才有效（Waldron，1999，115，引自 Aristotle，1984，1281b1）。

④ 关于共和主义要求自我牺牲的品质的理论，总体上参见 Montesquieu（1989）和 Amar（1994，759）。

威的论述中，事实上把共和定义为“存在代表机制的政府”(Kraminck，1987，126)。共和主义者总是相信代表们的协商能力，对共和主义的协商民主表现出一定的敏锐性和预见性：詹姆斯·麦迪逊希望“通过公民选举机构的这个媒介，提炼和扩大公众舆论”(126)。亚历山大·汉密尔顿（Alexander Hamilton）把代表机构看成是一种“冷静和安静的反应的机会”（410）。

然而，我主张正在进行的自我立法的社会工程——定义为大众自治——需要精力更加旺盛的公民来参与。[1] 像我一样的大众主义协商民主主义者一般也关心代表（就像我们将要看到的），但是我更加关注公民有权反对潜在的政府压迫。当然，这也是阿波达卡（*Apodaca*）案中体现出来的陪审团制度存在的首要原因[2]，同时在一定程度上为了确保这一功能的发挥，我们需要每一个公民分担这一责任；即使那些对自治方面缺乏兴趣的人，也被招募从事陪审团服务。就像共和主义偏爱的一样，我们陪审团的备选对象也是“代表”的备选对象。但是也像人民主权所偏爱的样，这些备选对象是普通公民，不存在财产、性别、种族（其他任何）先决条件的限制。

至于公众部门，实行强制性服务的理由甚至应该比陪审团的强制性服务的理由更充分：理查德·普里莫斯（Richard Primus）认为陪审团是“他治”（other-government）制度更为恰当，其观点是对的，因为在其中普通公民统治其他公民（Primus，1997）；相反，公众部门更加明显的是自治的潜在实施，特别是它们引起政府关注更多的是回应形式方面，而不是实践和理论例证。我们强迫公民在学校中进行

① 关于这一论证的更长和更理想化的版本，参见 Barber（1984）。

② *Apodaca v. Oregon*，406 U. S. 404，410（1972）。

一种公民教育，因此它的教育功能（即使不是它的首要功能）是强迫性的。同样，我们不允许人们主动放弃对司法行为的直接介入，而给他们自由选择陪审团服务的权利；我们认为司法不能离开他们的影响。因此，大众协商，为了达到完全的合法性和民主效果，必须让那些甚至对参与不感兴趣的人参与进来。让公民来决定他们的政策偏好是否代表部分公民声音是完全不负责任的，[①] 尤其是如果大众主义协商民主主义者真正关注——就像他们所说所做（Cohen and Sabel, 1997, 327）——直接来自自由和平等的包容性的公民声音的话。就像一个法庭申明一样，“陪审员可能是公民士兵，但是无论如何他们是士兵，并且像任何士兵一样，他们可能被要求执行令人憎恶的任务。在公开审判中的参与可能违背他们的意愿而使他们成为公众焦点”。[②] 同样，我们也不能退缩到这样一种理念：人民主权可能要求

---

① 关于公民声音重要性的更多论述，参见 Sandel 1996。我想如果我们不承认对于当前公民声音的代理人——选举——明显地没有强迫参与，而摆脱公民声音这一花言巧言是不负责任的，尽管它对于人民主权产生直接的影响。坦白而言，我并不能搞清我们这里的纵容的自愿主义（indulgent voluntarism）的意思，尽管我对这种政体处于重要位置的原因持一种嘲讽的态度：投票者与弃权者相比，更多是白人、富人和较好教育背景者，并且强制投票能够搜集一种更有包容性的公民声音，这都不是秘密；对此我不总是确信被选上的阶级全部是负责任的。无论如何，我的论证在这里意指，我们事实上强迫陪审团服务了——一个远远更加浪费时间的和一个强烈的公民责任。

② *In re Globe Newspaper Co.*，920 F. 2d 88，98（1st Cir. 1990）.

公民要去做一些他们违心的事。[1]

然而，德莱昂是对的，他引用约翰·德雷泽克的话反对给予参与过多的溢美之辞："参与式民主自身就有含混的潜在可能。"它并没有真实的协商，"仅仅增加了问题的复杂性。在另一方面，没有公开参与的协商将印有被日程设定者和立法者中的特权集团所控制的痕迹，因此步履蹒跚"（deLeon，1887，94，引自 Dryzek，1990，72）。因而，大众主义的协商民主主义者必须在他们设计良好的制度中引入强制性服务，这不仅仅是因为参与自身有益于合法性，也不仅仅因为公民责任有助于塑造热心的公民，而主要是因为，制度必须运用它的强制性特征去帮助推进富有成效的协商议程。只有协商会议是公正的和有代表性的时候，富有成效的协商才可能发生，而这一切，都需要所有的公民平等地参与。

---

① 这就引起了进一步的问题：既然制定政策的协商会议是法庭公告的范畴，它是否应该保持机密？还有制度设计的另外一个特征也许能够有利于制止反对大众协商民主范围内的自利行为：公开。尽管陪审团协商总体而言受到秘密的政体（regime of secrecy）所保护，但是这里讨论的协商民主制度倾向于赞扬给媒体机会去接近协商小组的价值。有很好的理由相信这也许能够有利于寻求协商中的公共精神。蒙德伯格解释如下：

一个……泰特洛克（Tetlock）、克鲁格兰斯基（Kruglanski）和弗雷恩德（Freund）的来自于经验研究的很好答案。这些研究发现当提前告知人们他们的判断将变得公开时，他们更可能客观地对待证据，并且更不可能允许他们的理性出现偏差。公共协商起码期望服务于民主教育的功能。责任——泰特洛克相信，就像协商理论家古特曼和汤普森一样——是事件的中心。如果人们知道他们将为他们的判断负责，他们将付出更多的知识努力并且优先考虑正确性这一目标而非支持他们先前的信仰。

蒙德伯格（forthcoming 33，引自 Gutman and Thompson，1996；Kruglanski and Freund，1983；Tetlock，1983 and 1985；Tetlock and Kim，1987）。但是参见库兰（Kuran，1995；认为尽管公开性也许会产生似乎更加先进的后果，但是它也提供了撒谎的动力）。当然，这也引起了在运用陪审员类比来设计协商民主制度的另外一个有趣的对比。我希望稍后处理这个问题，但是在第五章提供了一个妥协方案。

代表性和公正

陪审团制度之所以采取强制性服务，其部分原因是宪法和法令上的需要，司法活动有时必须由地方来进行。在宪法第三条关于管辖地的规定中，要求所有发生在州范围内的刑事犯罪必须由州进行审判，并且第六条修正案要求刑事审判“由犯罪发生地所在的州组成的一个公正的陪审团”进行审判。[①] 按照法律规定，议会于 1968 年颁布了《陪审团遴选和服务法》。[②] 它规定“从公平的交叉划分的社群中随机选取”[③] 陪审员，并且当需要时，可以补充投票者名单。它本质上承认，和其他人相比，非白人、穷人、没有受过教育的人以及年轻人有着更低的投票率。[④] 之所以做各种努力确保交叉划分的要求，乃是为了可以招募那些通过自愿的方式无法招募的公民。我们这样做部分是为了确保陪审团的代表性（或者至少是为了陪审员召集令，它要求从更小的次级的社区中选择陪审员），这样做也确保了陪审员选举过程中的公正与公平。[⑤] 在协商会议上，如果没有来自这许多方面

---

① U. S. Const, Art. III, §2, cl. 3; U. S. Const. , Amend. VI。关于要求的讨论，参见 Alexander (1991)。

② 28 U. S. C. §§1821, 1861 – 69, 1871 (1994).

③ 28 U. S. C. §§1861.

④ 28 U. S. C. §§1863 (b) (2); Van Dyke 1997, 88 – 93. 关于投票结果（turnout）和种族、阶级以及参与之间的关系的典型分析，请参见 Rosenstone and Hansen (1993), Verba et al. (1993), Lijphart (1997)。

⑤ 总体上参见 *Irvin v. Dowd*, 366 U. S. 717 (1961); *Taylor v. Louisiana*, 419 U. S. 522 (1975); and *Carter v. Jury Comm.*, 396 U. S. 333 (1970)。

的成员，那么陪审室内的对话与争论也可能出现偏差。[①]

同样，大多数协商民主制度的设计者对于代表性和公正性的问题事件都相当敏感。用阿伯瑞姆森（Abramson，1994，8）的话来讲，最需要强调的就是，“在民主社会中，对于陪审团的角色有两种理解。第一种将陪审团本质上理解为一个代议机构，陪审员被认为是相互竞争的利益团体的发言人。这样一种观点很好地使陪审团同当前流行的利益集团行为模式相适应；它假定陪审员不可避免地支持自己的群体，并且根据狭隘的群体忠诚而投票”。另外一种理解模式则为大多数协商民主主义者所偏爱（尽管用现实的模式理解利益团体多元主义仍有其市场），它把陪审团看成一个理性商谈的场所，人们不是基于私利而协商，相反，无私的精神将导致公正的结果。当然，后一种模式是高度理想化的，并且作为他治对立面的自治在协商中更可能导致出于私利的行动。因此，那些追求更多政治参与的协商民主主义者，他们不仅需要非常注意协商的结构，而且还需要非常注意那些人们试图通过协商解决的难题。

总体而言，尽管对于菲什金、PPA和加斯蒂尔而言，代表性应处于非常重要的优先地位，但是在这里，使协商民主制度化的大多数的项目倾向于依赖自愿的服务。[②] 然而，他们都利用了随机抽样这一工具，主张他们的制度建立在具有科学代表性的可靠基础之上。通过在

① 因此还有平等保护条款（the Equal Protection Clause），防止把一定的团体排除在陪审团之外。

② 既然许多设计者都试图将他们的设想付诸实践，那么坚持强制性服务就没有什么意义。但是在这里我之所以这一问题乃是原因，甚至大多数的协商民主主义者即使在他们想从陪审团中获取灵感时，也没有意图将强制性服务引入协商制度之中。

陪审员选举中利用公平的交叉划分原则[1]，他们都认识到，要成功地向大众“推销”他们的制度产品，就必须声称他们的制度设计是建立在对社区广泛代表的基础之上。如果代表的质量没有保证，那么通过这些措施所获取的大众心声也并不具有合法性——在一个真实的、可归属的意义上它并不是被创造的（Michelman，1997，146 - 47）。因此，他们每个人费了相当大的气力来阐明他们的设想如何符合这一理念。但是，我认为我的设想在这方面更有优势。

菲什金（Fishkin，1997；64 - 96；1999b，279 - 90）非常有兴趣向这些标准措施发起挑战。

它们被认为是获取作为公众心声的公共意见的方法。在他的民意测验里，他喜欢通过一种真正的随机分层（因此具有代表性）的方式搜集样本，注意按一些普通的方式将公众分类，其中包括政策偏好、民族、种族、年龄等。利用这一方式，他声称他的提议与代议制民主相一致，并且不是纯粹的直接民主或者公民表决式民主（Fishkin，1991，16 - 17，22 - 25，33，35，38，42 - 46，50 - 51，59，67，77，81，92，99，100）。通过技术性地利用一种带有潜在公平理念的关于代表制的计划，他强调一种甚至是陪审团制度也未必能达到的特征：一个公平的交叉划分的社群。既然他的民意测验能够包容大约 500 个参与者，更加完善的代表制就可能出现。然而，甚至在他构想他的乌托邦的一瞬间，他也未能设想一个能像陪审团制度一样去强迫人们进行协商的社会（尽管偶尔他有那方面的表示）。也许这样做的借口是我们虽然能够强迫人们出席，但是却不能强迫人们发表意

① 关于案例的引用参见第 92 页注②。

见；因此最好是能够找到两者兼顾的人。

PPA 模式总体上也指向了代表性的问题，尽管克罗斯意识到 PPA 相比（Crosby，kelly，and Schaefer 1986，170，171，174，175）政策陪审团是如此之小（像常规陪审团一样小！），以至于他们对于代表性的渴望更加急切，然而，他敏锐地意识到这一理念：他注意到“参与者的代表性的缺乏是一个真正的弱点”，并且他实质上看到了这样一个问题，即在他的政策陪审团的协商合法化服务中“参与者挑选”的问题。尽管由于担心特殊利益集团操纵的潜在可能性，使得他对于代表性的渴望非常急切，但是他的承诺是坚定的；他的团体努力使包括协商机构在内的代表主要是思想倾向的代表，而不是人口统计学意义上的代表。因而很明显他的小陪审团是不可能完成这一任务的。恰恰是因为他在选择参与者方面对偏见的敏感，因此他致力于尽最大的努力，通过获取一种公平的交叉划分的社群，从而实现一种更伟大的合法性。这些群体将会受到在公民陪审小组中正在争论的法律和候选人影响。① 就像德莱昂（deLeon，1997，III）指出的，PPA 的关键是“‘普通公民’从一个广泛的公民群体（很可能需要考虑不同的社会文化的差异）中随机选择……避免了成为既得利益者和利益相关者的‘猎物’（captured）的污名”。PPA 的核心是向公众展示

---

① 这提出了一个重要的设计问题：如果协商民主主义者遵从受影响的利益的原则，并仅仅招募那些受到立法影响的社会成员，协商在很大程度上将会变成利己主义的，并会鼓励交易，以及使用其他的非协商的手段解决争端。这里我对这一问题不作回答；它同本文所要解决的问题无关。关于这一原则的更多论述，大体可参见 Shapiro 1999a，229。也许一个现实中的事件会减轻人们的这一担心，他们担心人们在协商中总是关注于他们自己的最大利益。在菲什金（Fishkin，1997，220）的一个协商性民意调查之后，纳税人“愿意每月至少多付 1 美元以便更新能源”。在由德克萨斯公用工业协会主持的三个独立的协商民意测验小组中，参与者在协商后希望支付更多，大约平均提高 30%。

法律将会被公正地执行，剥夺利益相关者的偏爱。并且根据达尔所言（Dahl，1989，340），普通公民的深思熟虑将“代表”大众的判断。

然而，总体上看，PPA只能提供有限的动力，法律制定者听到的承诺也仅仅是为参与者提供了一扇首要之门。尽管他们的程序是最接近宣传强制性服务的一种，但是他们让公民在一个相当长的时期（通常是一年）服务，这当然会考验甚至是最好的公民承担责任的极限（和耐性）。

加斯蒂尔也让他的协商小组完全出于自愿，希望它能够提供服务的动力。并且他进一步认识到这里出现的困难是如何达到一个正确的交叉社群。为了纠正使用自愿的样本产生的问题（即使有一个人口统计学和个性化分类的控制），他用了一个三分之二的绝对多数决策程序作为基线，整体上认识到他的协商小组是很小的，并且不具有代表性的（Gastil，2000，228－29）。[1] 相比直接要求协商小组来解决问题，他更满足于让人们自己决策，如果他们在乎人民主权的话。然而他认为，选举官员的代表性仅仅在他的协商小组能够进入政治过程时才具有可靠性。他认为在代议制民主下，只有普通公民具有监督的权利，并且大众的心声能够被他们的代表负责任地考虑时，这种代表性才是值得信任的（Gastil，2000，178）。因此，他试图设计一种公正

① 然而，有许多其他的良好原因主张在大众协商民主中使用绝对多数原则。尽管在这里我将不会做一个充分的讨论（参见第五章有一个简略描述），但是我至少能够阐明，在公众部门领域（一个更高的法律制定程序），很少有问题同赞同现状的假定相连，因此人们通常谴责绝对多数决定规则。但是事实上，一个共和政府——美国宪法第四条规定——主要作用在于反对过多的直接民主，而绝对多数也许也是控制它的一个恰当手段。关于反对绝对多数的主张——这些主张总是涉及到一个赞同现状的决策程序的问题——请参见 Dahl（1989，140）和 Gutmann（1999，230）。关于偏好绝对多数的主张，请参见 King（2000；1998），Katz（1996），Levmore（2000 and 2001），Mueller（1996，180－82），and McGinnis and Rappaport（1995）。

的具有实质代表性的小组，尤其是当他认识到公民投票和和公民创制对代表们未必有吸引力的时候。协商小组越具代表性，他们的建议就越可能被认为是反映了选民的心声。

但是，就像公民投票和和公民创制对代表们未必有吸引力一样，大众主义的协商民主制度也往往被很多人所忽视乃至回避。事实上，正是因为它们需要更多的能量，因此它们更少被人注意。这也是为什么公众部门的服务必须是强制性的原因。然而，加斯蒂尔（Gastil，2000，141－42）写道："只要提供足够的动力给潜在的陪审团成员，那么自我选择将会（self-selection）排除这样一些人，这些人总是全神贯注于其他的事务，因此即使他们参加了协商也并不会有什么贡献。"但是对于那些懒惰的人、害羞的人、一半以上不去投票的人怎么办？自我选择无疑同自愿主义的态度相关，但是为什么这些有自愿倾向的人有权力控制政策，对于这一点我们并不知晓。如果代表性和公正性是协商民主制度目标的话，那么这将是完全不可接受的。如果我们关注的是得到一个真正的代表性样本，那么我们必须招募来服务的应该是那些不为一己私利的人。既然态度的代表性总体上是用调查数据来测量，那么那些没有回答调查问卷的人就不可能被代表。但是他们的偏好对于人民主权而言也并非无足轻重。避免自愿性回应问题（voluntary response problem）是社会科学家们的首要事情之一（Moore and McCabe 1999，265－67），因而，当看到大多数社会科学家和公共政策分析家拒绝在协商民主制度的设计中引入强制性服务时，我相当惊讶。

强制的民主?

自我选择削弱了合法性、人民主权、代表性和公正，并且进一步损害了一种结构性的公民认同和公民表达的可能性。这种可能性恰恰是协商民主制度可能产生的最重要结果。但是也许自由主义的“自由自在”性格要求公民有政治冷漠的权利。今天的自由主义公民观之累使得采取一种强制性服务不太可能，并且如果我们赞同布鲁斯·阿克曼（Bruce Ackerman，1991）关于“强制性民主”是可怕的这一看法，那么它也将是不受欢迎的。“非常简单，我们憎恨强制。”（Ackerman and Alstott，1999，204）①

然而，需要明显指出的是，我们的社会规则性地重新分配财富，设立国家假期以及采取其他措施以确保（实际上可理解为强迫）全体公民保持结构性的公民认同，并且鼓励一种参与的理念。公民的自由总是需要间歇性的被反复承认，并且由此获得复苏。但是，这些努力经常遭遇失败。协商机构中的强制性参与是力图让公民表达心声的另一方式。（尽管对于是否应该像 PPA 程序模式一样，冒昧地要求每一个公民都尽一整年的义务，或者像考斯一样，进行征军似的召集，我还在犹豫不决。）

但是，我还不应该盲目下结论，因为有两种意义上的强制。第一

① 奇怪的是，阿克曼提出他的主张仅仅作为论证强制征收一种新的财产税。大概原因是人们习惯认为，在税收方面的强制完全不是强制。我仍旧认为（也许是幼稚的）社会地位的平等无须大的经济变革，也无须一种“获取金钱的自由”就能做到。我把公众部门作为一个反映了“公民自由主义”核心理念的机构。关于这一特征的更多讨论，参见 Kaus 1992，17－24，58－77。

种强制在于政府独裁地反对公民，并且主张它自己的意志而不是人民的深思熟虑才具有合法性。这种强制同我们设计的大众主义的协商民主制度毫不相关。因为后者的行为是通过多数主义的民主政治方式而发生的。当政府要求公民做一些事情的时候（例如陪审团服务或者纳税），只要是通过正当的民主程序进行的，这种强制就不值得抱怨。

然而，对于公民来说，也许还需要一个甚至连政府也不能剥夺的私人空间。对此空间的任何侵犯都可视为强制。这就是强制的第二种意义，这种强制更难避免。举一个极端的例子，如果多数美国人通过一项法律，判处所有的法学教授死刑，我们就可以说这种多数主义的民主程序还不能够产生具有合法性的结果。不过，多数人的暴政超越了我们在这里的讨论范围，而且对于这一问题我们已有司法审查。最后让我们恰当地思考这一问题：一种致力于实现民有、民享的公众部门制度有可能产生一种残暴的强制吗？我认为不可能，尤其是这些结果是协商者花费时间深思熟虑讨论出来的时候。

总　结

总体上而言，很多大众主义者的改革目标是希望达到“社会地位”方面更多的平等（Shklar，1991；Kaus，1992）。如果我们能够再造和扩展政治空间，那么，我们对政治所期待的就是希望它能改善社会不平等的问题。如果我们恰当对待，公共领域就可以看成是一个公民相互交流和相互问候的场所，群体无论是基于公共理性的考虑还是出于私人利益的需要，他们“扩大了的智慧”将会接受公众视角的审查。如果公民在做出政治决定的时候，能够看到他人的利益和需要，他们就有可能会站在他人的立场上进行换位思考。在这个政治空间里，他者的考虑更具直接性，但是移情与自我利益同在，各种争论和对话将会弥补我们的合法性缺失。①

政治理论家和律师往往把陪审团看作最好地展示了上述理念的政治制度。如果协商是一种有价值的事情，那么陪审团就是工程设计的良好起点。不过，新共和主义者和协商民主主义者经常想让协商在社会中发挥更加深入的作用，并且希望能够得到其他机构的恰当检验。

最后，他们提出了形形色色的改革建议，以使协商在政治中扮演重要的角色。尽管有充分的理由让我们将陪审团作为协商制度的一种模式，但是对于陪审团类比，我们应该做更仔细的研究，正如我已经说明的那样，陪审团类比制度的运用也是喜忧参半。不过，这一制度尤使我感兴趣的一个优势是，它为强制性服务提供了可能性——这种强制性服务作为陪审团的一个特征，它通常不被导入到协商制度的设计之中。但我认为这是一个误导，并支持了我关于在公众部门中采用强制性服务的结论。

我在这里还要提及其他两个相关的问题。第一，我们往往选择让陪审员进行协商秘密。法官卡多佐（Cardozo）告诉了我们这样做的理由："如果陪审员感觉他们的争论和每个人的裁决意见都将向公众公开的话，那么，他们就无法做到自由地发表意见和彼此争论，也无法进行独立的思考。"② 但是现在我们有直接的证据证明，陪审员之

---

① 关于这种协商政体的一个富有灵感的解释，参见 Beiner（1983）。

② *Clark v. United States*, 289 U. S. 1, 13（1933）.

间的争论似乎是一种本能。[①] 因此我们最好重新评估在公众部门或者其他形式的协商中，保持陪审员秘密协商是否必要和明智。在我设计的公众部门里，我认为最好是在秘密与公开之间保持适度的平衡。作为一个潜在的妥协，我建议陪审员的名字完全保密，但是对于协商讨论的文本，应该完全公开。这样一来，一方面公众知道人们在协商会议上到底说了些什么，但是另一方面他们又不知道这些观点出于何人之口。有很多方法可以解决这种两难困境，但关键点在于显示出陪审团类比对于制度设计者有所裨益。

另外一个问题是关于协商的恰当决定规则。在陪审团中，全体一致当然是总体最优的。但是也有充分的理由认为，在自治（作为他治的对立面）的领域，自由民主主义者通常会降低要求，使用多数规则。自然，许多协商民主主义者喜欢把取得全体一致当作协商的终极目的。如果一致同意成为协商的既定目标，那么，将会出现一系列的政治动力学（Mansbridge 1983）。这就意味着，对于陪审团类比运用的研究也许会展示出一种不同的、更加适合的程序和决策规则，这些规则依赖于协商的特定目标。在一种代议制民主占主导地位的政体中，当协商民主制度打算达到人民行使主权的目标时，绝对多数规则也许是最适合的。但这也只是从另外一个角度展示了我们应该如何着手这项工程。探究陪审团类比在协商民主制度设计中的运用和弊端，也许是解决制度设计的基本问题的有益方式。更重要的是，这种方式揭示了为什么公共部门——它也诉诸陪审团类比——也体现了陪审团的强制性服务特征。

---

① 参见第108页注③。

第七章　公民社会的议程设置

参与式民主论者也许毫无印象。他们可能认为公众部门限制了决策方面的参与，并且随着时间的流逝，个人参与次数的累加几乎不可能满足大众主义者的强烈要求，他们要求的是最大限度地让每一个人在每一件事上都可以参与。正如我在第五章首次认可这一反对意见时强调的那样，我认为公民社会中的参与为将公民意见输入到协商决策里提供了另外一个机会。此外，既然对于公众部门的另一个严厉批评是认为精英设定了公众部门的议程（因此结果是预定了的），那么，对公民社会在议程设定中的角色问题进行探讨也许能够缓和这些批评。

哈贝马斯（Habermas，1996，307）对协商政治这一理想形态持反对态度，因为它对于“决策导向的协商……和公共领域中非正式的意见形成之间的区别保持沉默。”为了阐述他的这一反对意见，我将论述哈贝马斯关于公民社会的思想。[1] 此外，因为公众部门需要议程设定者，并且也因为议程设定通常由精英主导，因此我需要一种机制，在此机制之下，单个人将有更好的途径接近那些信息收集者和过滤者，这些人将最终直接影响议程设定。

尽管我的模型能够胜任决策方面的协商，但是接下来需讨论的问题依旧应该围绕着这一方面来进行，即拓展公民“沟通与交往的权力”（Habermas，1996，330），以及使协商会议能够包容更多的公民参与。通过解决议程设定的难题，我们能够避免类似反对古特曼和汤普森的批评，他们主张“人们能够就一系列的意见进行争论，这些意见在‘道德上是值得尊重的’，因此也是值得激烈交锋的”（Berkowitz，1996，36）。公民社会作为一种公民沟通与交往的统领机制而发挥作用，这种机制便于公民在协商机构之外获得相关议题和信息——通过这种方式，每个人都可以成为公众部门的参与者并设定议

---

① “公民社会”对于哈贝马斯而言已并不新鲜。至少从黑格尔开始，这一领域就被认为是“公民发现他的社会地位、身份、同伴的赞扬、自尊的可能性”（Shklar，1991，63）的地方。我在这里提及哈贝马斯乃是因为，他的对话理论模式（discourse-theoretic model）帮助展示了公民社会中组织的对话网络如何能够融入政治制度之中，以及它们作为一个对话的平台如何能够独立地进行无拘无束的谈话。公民社会是进行政治争论的良好场所，而且，尽管哈贝马斯有意淡化它的角色作用和影响政治的能力，但是他确为公民社会得到更广泛的运用奠定了基础。我认为公民社会应有一个更为广涵的定义，但是对于哈贝马斯关于话语的（discursive）的公民网络的观点，以及公民社会的功能是作为“体制”和“生活世界”的桥梁的见识应保持完整。然而在这里，我关于公民社会的很多观点并不同于哈贝马斯，因为我强调在公民社会中非协商程序的必要性，并且不再强调作为立法者的任何形而上的理性需要。当然我承认，正统的哈贝马斯主义者可能比哈贝马斯自己在合法化需要方面走得更远（例如：Benhabib，1992）。

程。[①] 因此，在我的模型中，公民社会是“交流信息和观点的一个网络平台……信息的涓流通过这样一个平台过滤和综合，最终聚合成特定的公众意见”（Habermas 1996，360）。固然，在这种范式中精英阶层的议程设定者甚至仍控制着相当的“交往与沟通活动”，但是如果使协商会议对于公民社会的总体要求变得敏感的话，至少他们将处于公众的控制之下。而且，因为在我的模型下，选举不再仅仅是集团性的，而是先有一个集中的协商，因此这些议程设定者控制结果的能力将会被削弱，基于这些考虑，议程设定问题就成了本章必不可少的首要问题。[②]

然而，在公民社团的层次上，我和哈贝马斯不同，他要求公民社团成为公共领域的一部分，因此，公共领域的空间就是协商的场所。但是，甚至连哈贝马斯（Habermas 1996，308）自己也承认，非协商的“不受限制的沟通”以及对其他公民“保持疏远的权利”两者都可能是一种优点。公民社会也许只是我们众多社会关系中的一层，在这些社会关系中我们同样也被赋予了政治冷漠的权利、种族优越主义的权利和非协商的沟通权利。

当然，哈贝马斯在这一点上是正确的，即他认识到，公民社会的

---

① 有些人认为在危机情形下，公民社会几乎不能施加什么影响（Cohen and Arato 1992，587；Habermas 1996，380）。甚至公民社会中的大众协商本身也被理解成阿克曼（Ackerman 1991）所谓的“危机”（moments），这一大众协商往往是由于其他危机的出现。然而，注意到哈贝马斯的这一点将是有益的，即我们总是处于一种相关的危机中：合法性缺失的危机。当然，就像波斯纳（Ponser）注意到的一样，作为德国人，哈贝马斯的危机意识也许是德国式的，而非美国式的（Ponser，1999，98－107）。但是美国人对于合法性的厌烦，并没有造成他们对此不加关心。

② 值得注意的是，对于这种循环，人们不可能给予过多的关注：既然公民投票肯定或者否决一项提议，聚合应该不能导致循环；而且，适当的绝对多数规则至少确保了投票者中的多数的意见和对提议的最终裁决意见是一致的。事例参见莱夫莫尔（Levmore，2000；2001）关于绝对多数如何可能导致选举悖论的论述。

病症需要通过开放政治领域和空间来诊治。但是公民社团——从宗教团体到保龄球协会——都仅仅需要基于私人理性[①]。我们也许希望像哈贝马斯（和 Putnam［2000］）认为的那样，希望正是这些群体的关系导致了政治或者集体行动，但是毫无疑问，公民社会中的行动和政治领域中的行动之间并不存在必然的联系。

但是我的建议也许将会改变媒体报道政治的方式，这种媒体报道将不可避免地影响政治领域和公民社会的关系。如果本书的提议被采纳，它将促使公民社团对政治领域做出更为积极的贡献。让媒体聚焦于公民辩论而非政治促销，公民社团可能也将相应地作出反应并且卷入到辩论中来，因为他们也许不再试图仅仅从国会的精英那里买取选票或者为政治促销买单。

像哈贝马斯（Habermas，1996，330）一样，我在这一问题上也颇费精力，即公民社会是否能够“发展出足够的能量，从而从外围到中心都可以与政治系统进行全面的抗衡”。但是这些能量并非无中生有——制度设计能够刺激公民社会的能量。在最好的情况下，公民社会能够提供从社会关怀到政治关怀的这种纽带，在良好的制度设计下，我们也能够促使这种纽带的形成。然而，菲什金（Fishkin 1991，31）警告我们说：“政治领域必须受到保护，以免受到社会中的社会不平等或者经济不平等的溢出效应的影响。”这种溢出效应展现了我们当前代议体制的腐化情形，[②] 这个体制总是受到来自有钱或者有权的公民社团的控制。尽管政治不应该被这样的不平等所左右，但是，

① 与公共理性相对应。——译者注

② 因为菲什金的协商性民意调查的结果没有约束力，他对于政治领域的保护仅仅来自政治领域自身。

公民社团（经常被动员起来，要求得到承认）的利益应该对政治公共领域的输入产生一定影响。没有任何溢出效应，政治公共领域将表现出一种虚假的平等。公民社会不仅必须发挥“象征性”的功能，而且还必须发挥“问题化”和“主题化”的功能（Habermas 1996，359）。尽管哈贝马斯有意淡化公民社会的变革能力，这种能力不仅仅局限于“人事体制和和程序体制”方面，但是在这一点上他是对的，即他强调公民社会对于政治过程的影响是并且也应该是间接的（372）。这种间接性使它作为一种非国家的社会黏合剂而发挥作用（Sandel 1996；Putnam 2000），这种间接性同样也有助于治疗因公民社团的同质化而对国家施加过多影响的病症。本章的前三部分将阐述一些理论背景；最后一部分将阐述我的初衷——我设想的制度设计问题。

沟通与交往的权力

为了让“沟通与交往的权力”掌控协商会议，我们也许可以依赖先前的协商会议，让公民表达他们对未来可能出现的某个问题的关切，表达他们的声音，而这些关切将会由接下来的协商会议进一步讨论与处理。或者，我们仅仅通过协商性民意调查，选举出那些能够把“正确的”议题提上日程的候选人。① 但是这种可能性与公共部门的目的相差太远。如果候选人试图提出太多的议题，那么协商会议就无

① 小威廉·埃斯科瑞吉（William Eskridge Jr.）引导我们考虑，是否有可能通过将选举团整合进公众部门的方式而改革选举团，但是我怀疑人们将会赞同激进到甚至会剥夺他们选举总统的权利的措施。虽然这是一个颇具争论性的建议。

法将注意力聚焦于某一问题点上。此外，对候选人的选举也必须根据各种评价因素和衡量标准来进行，但是这些因素和标准之间本身没有优先顺序，从而也就无法公正地评估候选人提出的各种复杂的“一揽子”施政纲领。虽然我的协商会议对公民之间的对话与交流没有什么强制性，但是很明显的是，公众部门的每一次协商会议都必须针对一个特定的（细小的）主题，否则，这样一个大会就不可能做出任何决定。[①] 就像我在本书其他地方强调的一样，协商会议必须聚焦于特定的主题。

但是，这并不意味着政治领域总是被沟通与交往的权力所掌控，也不意味着协商会议成了政治的全部。这种纯粹的协商观念不仅是不现实的，而且也是毫无裨益的。把协商当成合法性的唯一来源仅仅是米歇尔曼（Michelman，1997）的主张，但是这些主张前后矛盾，我在第二章对其进行过驳斥。[②] 从总体上看，只要那些被选举出的候选人在相当程度上由协商团体所监控，那么，赋予他们以权力，他们将会更舒适地享受权威。[③]

然而，在此基础之上，我们应该希望并鼓励外生于国家和政治公共领域的力量，使他们能够有效地反对被选举的代表和大众主义。并且这么做对政治领域更有好处，因为它将向我展示一个具有参与性、竞争性以及对话性的政治领域和空间，这正是南希·弗雷泽（Nancy

① 这是在斯雷尔科德（Threlkeld，1998，5）理念中的一个严肃的关注点，公民陪审团决定一切。

② 参见第二章我对米歇尔曼 1997 年的论述以及与协商民主理论相关的更为一般的评价。

③ 我从来没有建议过我们必须废除大选程序。我设想如果采纳我的建议，大选运动将围绕候选人试图展示在公共议程上的议题而展开，给予政治授权理念更多的实质性内容。事实上，媒体报道政治公共领域的方式变化是如此之大，以至于“政治化”（politicization）不再是一个糟糕的词汇。我在本章的后面部分说明了这一可能性。

Fraser，1997；1995）所希望的。因为哈贝马斯的公民社会模式是作为连接公民私人生活和公共政治的桥梁而存在，因此，在他看来，它是“生活世界”向“体制”施加压力的一个良好纽带。事实上，对于哈贝马斯而言，公民社会的既是作为一种自我保护机制而存在，以确保生活世界不被体制完全“殖民化”，同时也是作为一种国家行为的监督者而存在。而在我的模型中，公民社会既是一种保护私人领域神圣不可侵犯的体制（尽管在此我不会进一步叙述公民社会的这一保卫功能），[①] 也是帮助公民向政治公共领域自身施加压力的一种结构。使公民具有更多组织化的机会面对“体制”（即国家及其政策制定机构），毫无疑问，国家也可以对协商会议进行自上而下的利用。

温和的利益集团多元主义

我关于公民社会的设想代表了对一种温和的利益集团多元主义的认可。[②] 公民社会——经常与特定利益群体以及其他非政府组织联系在一起——能够对政治施加规范化的影响。对于哈贝马斯（Habermas，1993，363）来说，“只有当这种影响作用到政治系统的权威人员的信仰和决定，并影响到选举者、立法者、官员等等的行为时，这种影响才可能转变成政治权力——它为约束权威的决策提供了潜在的可能性”。在我的模型中，公民社团和利益集团可能通过联合那些潜

① 这一论证在公民社会的作品中比比皆是，参见 Taylor（1989）。

② 理查德·爱泼斯坦（Richard Epstein，1988）强调把利益集团多元主义作为共和主义（和它的“旨趣上的继任者”（successor-in-interest）——杰克·巴尔金（Jack Balkin）如此称谓之——协商民主）的一个替代选择。我在这里努力前后思考，形成了自己的观点，并加以消化利用。

在的协商者，从而可以有效地接触到政治体制的权威人员。

在我构想的已经设立了公众部门的政体中，这些潜在的协商者形成了一个具有公认权威的有机体。

人们也许会看到，金钱和机会的不平等的影响将通过公民社会而渗透到我的模式之中。那些拥有最多广告资金的利益群体将会得到最大的支持；他们可能有更好的机会接近那些议程设定者并影响协商会议，尽管与他们在我们当前政体中对于政策的影响相比，这种影响远不是那么直接，因为在公众部门中，那些权威人员并不是那么容易接近。此外，注意到这样一种观点也是十分重要的：这种观点认为，给予公民社团（或者利益集团）帮助设定议程的间接权力，应该比给予他们决定事务的直接权力——他们现在更为经常的享有这种权力——更为民主。我们当前生活在后一种寡头政体中，向前者迈进将会是一个巨大的进步。无可否认，我之所以试图激发公民社会的各种活力，还是因为它具有社会性的价值（而不仅仅只发挥政治性的功能）。认同、爱国精神以及公民之间的情感联系对于社会和政治维系而言都是极端重要的，因此我不希望能够塑造这些美德的公民社团解体，即使它们的存在主要是为了自我利益而非公共利益。更好的情况或许是，这样的社团孕育了强烈的信仰；而这些信仰又培育了至关重要的政治公共领域。就像威廉·盖尔斯顿（William Galston，1991，225）所评论的那样，“即使是为了达到许多自由主义者所赞赏的自省（self-reflection）境界，最好也通过某种形式的信仰开始。如果（也仅仅是如果）我们认为进行政治冒险是值得的，也就是说，如果协商者强烈确信各种竞争性的政治主张能够被合理地评估与衡量，那么，在生活中的理性协商就更有意义”。人们的社会地位也能通过参与公民社会的行动而得以提高与平衡；这种社会地位并不依赖于一国之内正式的政治平等，虽然政治参与依赖于政治平等，但政治平等并不意味着社会平等。

此外，从一种实践的观点看，必须有人处于游离于两党之外的地位论证某些政策优先于其他政策，而如果把这个项任务交给两个政党，就会有太多的讨论限制。如果一个种族主义群体试图向协商会议提交一个内容充实的一揽子政策建议以及相应的建设性行动方案，似乎没有民主的理由来否定他们行动的正当性。事实上，这样的事件可能会增加而非削弱协商结果以及相应的选择的合法性，因为这些结果和选择是建立在对事件进行充分协商和讨论的基础之上的。当然，在下面的小概率事件中，即由于3K党①的原因，从而使得协商会议的成员否决公民的建设性行动，在这种情况下，法庭将会毫不犹豫地推翻公众部门的决定。拙劣的理由将会被控诉，虽然这种控诉来自于外界。

公私之争

我所构想的公民社会还有另外一个优势，即这一构想道出了自由主义女权主义思想家的心声，例如，他们“担心根据自由主义的中立原则，那些迄今为止从惯例上［这种惯例体现了男性中心主义(phallocentric)］被认为是‘私人’的问题将会被排除在议程之外”

① 美国一个奉行白人至上主义的民间组织，也是美国种族主义的代表性组织。——译者注

（Habermas，1996，312）。它也进一步表达了社群主义者的关心，他们担心的是哈贝马斯著作中流露的阿伦特式的姿态，这一姿态以一种并不可欲且不可行的方式主张将私人生活完全融入公共政治之中。本质上而言，这两种观点都反对赞扬同质性和具有总体化倾向的理论（可能因为这两种理论对于批评较为敏感）。[①]

哈贝马斯确实遭遇了女权主义者的这种担心，他区分了“公共协商的程序性限制和公共协商的主题范围的限制”（313）。虽然哈贝马斯认为，他的温和的程序中立观并没有完全排除这种可能性，即私人领域免于成为公众讨论的话题，他认为私人领域在下列意义上还是受到保护的，即“法律赋予每个人以退出集体行动的自由”（120）。当然，有人怀疑哈贝马斯区分程序性限制和主题范围的限制赖以存在的基础，并且在他关于政治公共领域的理论中看到了一种“偏具对抗隐私”。[②] 但是哈贝马斯（Habermas，1996，313）坚持认为：“私密领域必须受到保护，以免受到外来因素的侵扰以及陌生的他者的批评。”他认识到，他关于公共领域的理论为公共领域践踏私人生活留下了可能性，因此在他的蓝图中，需要一个能够保护自身生活的世界免受外来侵犯的空间。

---

① 既然在中立的自由主义下，无法宣扬任何一种良善生活的确定观点，因此也可以说，我们拥有一个相当同质化的公共领域，在那里任何被传统认为是属于私人的问题都不能公开讨论。并且当激进的社群主义者提出要对地域性的（local inherited）、并经常是同质性的社区保持忠诚时，他们也遭遇了同样的问题。另一方面，商谈（discourse）理论的目的在于找到一种方式，用它处理从未弥合的公私鸿沟问题，重叠忠诚和冲突忠诚（overlapping and conflicting loyaties）的问题。最近商谈理论在文化主张方面的应用很好地显示了这一潜力。参见 Benhabib 2002。

② 这方面的事例参见 Honneth（1995，289－323）；Moon（1995，143－64）；Strong and Sposito（1995，263－88）；Warnke（1995，120－42）；Warren（1995，167－200）。这些文章中的每一篇，都从不同的假设和视角，展开了一种相似的抨击。但是穆恩（Moon，1991，202－29）是最能理解这一张力的哈贝马斯主义者。

公民社会恰恰提供了这种保护。从定义上讲，公民社会必定比政治公共领域更少正当性，因为政治公共领域关注的焦点在于确认法律在主体间的有效性。事实上，这一领域完全是为了这种确认法律在主体间的有效性和合法性而存在。然而，通过在蓝图中为公民社会提供空间，并且让公民社会在政治中扮演一个更为中心的角色，政治领域在合法律性方面肯定会遭到削弱。这是值得向往的，因为对政治准入的限制越少，我们就越有可能在经验主义的尝试方面取得成功；当然，和中心群体相比，那些处于边缘化和传统上外围化的群体也许并不具有更多的自由，但是毫无疑问，他们将被赋予平等的机会，从而有可能渗入到中心群体之中。

我所描绘的公民社会，明显地突出了它作为信息收集者和过滤者的潜在功能，此外，通过认真思考公民社会所扮演的角色，那些参与式民主论者，还有那些担心公共部门的议程设定被精英所控制的人，也可以安然释怀。通过使问题主题化，以及使议程设置更加一般化，公民社会就可以间接性地服务于公众部门中的协商机构。同时它还具有自我保护和自我防御的功能，以使个人免于国家机器的侵扰——由于国家机器的“强制性”本质，这一侵扰格外引人关切。虽然公民社团也经常关注涉及集体正义性的事件，并且为了维护法律而采取集体行动，但公民社会并不像组织严密的国家机器那样压抑个性。以立法动员为目标的社会运动也是公民社会的一部分。

因为公民社会毫无限制地游离于政治公共领域之外，所以它更适合这样的场合，即“为争取‘必需之上的（生活）条件而斗争’，同时它也可以成为这种斗争的诠释主义”工具（Habermas，1996，314），因为它并不要求特别的口号以迎合更大范围的公众。哈贝马斯在这一点上是对的，即“只有在……一种‘为承认而斗争’之后，负责任的政治权威才能够通过政治竞争而谋取职位”（314，我的强调）。因而，公民社会能够从一种争取政治承认的视角，来表达私人的神圣不可侵犯。如果公民社团和社会运动能够把相关事务提上议程，同时也将这种议程视为对身份的心理分类的一个场所，那么公民社会就是为个人关怀提供公开表达（当集体从心理上感觉需要在竞争的政治公共领域取得承认时）的一个恰当场合。制度设计技术也可以被加以利用，从而用来刺激群体从内部和外部寻求认同。因此，协商政治可以视为一个恰当的纽带，它使公众部门里“民主的制度化意志形成”和公民社会中的“非正式的意见形成”之间相互影响（308）。在这种相互影响中，只有保持公共领域的公共性和私人领域的私人性，才有最大的机会获取成功。

政治化公民社会的实践

既然我已经明确地阐述了将公民社会整合进政治公共领域的一些理论背景，那么现在我必须找到一种可以为公众部门设置议程并且在实践上是可行的方式。当公众部门协商政策时，是否有一种实践方式能够把似乎所有可能的立场都给予考虑？谁来决定哪一种意见是好的意见（bona fide）？吉姆·菲什金吗？拥有更多金钱的利益集团是否拥有更多的“交流和沟通的权力”？是否所有好的意见都将给予有同等的机会？

我将尝试性地勾勒出一个图景，用以回答这些复杂的制度设计问题。

提交意见和建议

任何人都可以向公众大会提交意见和建议，这些“意见和建议”可能表现为多种形式：它也许是对圣经的一个尝试性解释，也许是一种关于效率方面的摆弄数字的评估，也许是一种规范化的政治理论争论，或者甚至是慷慨激昂的个人演说。我认识到，没有任何合理的理由来忽视任何一个内容中立或者立场中立的实质性观点。[①] 但是很明显，我们必须以某种方式防止过分分散化，因为毫无疑问，要让一个只有五百页的收集建议的小册子将所有的政治争论都囊括在内几乎是不可能的，如果有的话，我宁愿一口气将它读完。而且，在先于小组讨论的全体会议上试图传播太多的潜在争论，将过多地扩大协商的“教化”功能；这种设计的最可能后果就是在全体大会上服从于哗众取宠的专家。

但是，当专家教授分配了如此之多的读物以至于没有人能够完全读完时候，许多参与者实际上已经对其中一部分进行了思考，因此也

① 在这里我再次与许多协商理论家不同。由于他们大多把他们的协商理念建立在理性的合法化权力基础上，因此他们无法接受一种诉求于良善生活的主张，这种主张认为一个群体优越于另一个群体（事例见 Ackerman，1980；Cohen，1997）。政治领域的争论也许就像关于圣经的争论一样，令人生厌，我无法理解他们如何能够在一个民主政体中不涉足政治公共领域。我可能幼稚地希望这些主张并不会令人信服，但是我认为，基于公共理性的考虑，他们并不意图有所作为，虽然公共理性在政治公共领域是必须的，即使他们做了，我们仍旧有宪法第一条修正案去对付他们。

哈贝马斯（Habermas，1996，309）给了我们允许道德学家发表意见的另外一个好的理由：“如果中立还要求将道德问题在总体上排除在政治争论之外，那么这样一种争论也应该丧失它……改变先前政治取向的权力，需要给出解释的权力和价值取向的权力。”我们至少必须试图避免理性的暴政，也要避免那些并不具有足够的“公共性”的所有理性的影响。理性，毕竟，只是良善生活的一个方面。

可以做一些有益的贡献，即使参与者时常话语矛盾。这样一种情况将达到协商的部分效果：每一个协商者将读小册子的不同部分，并且每一个人都将作出自己的贡献。确实，每一个协商者可能被分配一部分小册子内容并且在更小的群体中要求他们提供一些素材。菲什金的研究毕竟显示出了人们在协商之前确实作出了一些努力，从而使自己变得更有见识，以免在与同伴的协商中表现得愚昧（Fishkin and Luskin 1999）。不过现在我正在使协商会议更为理想化一点，毕竟大多数协商会议是失败的。

一个进一步的制度设计将对我在这里提及的必不可少的过滤和整合提供帮助。当我们思考这些意见和建议提交给谁时，一个新的模型就诞生了，它通过更为组织化和程序化的有效方式将公民社会整合进政治公共领域。

更多的官僚机构

从理念上讲，对于每一个公众大会（像澳大利亚的全民公决）来说，设立两个小组委员会，其中一个限于赞成，另一个限于反对，这将是最有效的。在市、州或者国家范围内的公众大会，设立两个小组委员会对公民自身利用过滤机制也最有利，对于那些非协商的游离态公民来说更是如此，这些小组委员会将会受到类似于我在第一章描述的委员会的领导和监督，对于大众来说，设立两个小组委员会优点在于，它们能够将大众的主张整合到方案之中，自然，小组委员会的领导者总是来自于某些方面的精英：在公众眼里，他们最可能是有影响的利益集团的积极分子（并且因此具有一定的政治可靠性），委员会选择他们来代表某一方的利益。

但是，为了获得他们阵营中其他人的支持，包括经济支持和人力支持，小组委员会需要对这些人保持敏感性，因此，在这种场景中，更小的利益集团将会对小组委员会的领导提出诉求（或者甚至是煽动）——他们是公民社团，而非国家机构——而不是直接诉诸于国家机器的直接影响。通过这种方式，更多的观点将会得到考虑并被代表。

资助活动和证人改革问题

当然，金钱仍旧是一个巨大的问题。在法令的起草阶段，金钱的影响是巨大的，即使在这种广告宣传活动中的花费要求媒体和信息做一些改变。不过媒体闪电战将只会有更小的能量，因为活动的成败与否最终将依赖于在协商活动中进行的详细审查，并且可能它们从未影响到随机选举的陪审人员。虽然如此，但是在公民社会中，并不存在一个简单的或者民主化的可行方式，使得政治演说能够完全独立于赞助活动之外。不过我将试图对这个问题给出一个较为满意的答案。

一旦一个有争论的主题进入公共领域并被列入公共议程，有一种方式可以来处理这个问题。对公民会议进行监督的委员会在确定了有待解决的问题之后，应该接受来自利益集团和非盈利组织的申请，这些集团和组织申请委员只能用公共资金来收集、过滤和分发信息。这些群体需要展示他们将努力地进一步推动在教育方式方面的讨论，也需要论证他们的利益与这些争论中的问题具有实质相关性。当然，每一个申请者也需要论证他们没有任何浪费（但是资金可能转移给另外一个具有恰当资格的团体）；需要阐明在成为公共资金花名册中令人觊觎的一员后，不会使用其他私人的金钱或者索要独立的费用；由此证明一个私人化的集团分享公共开支并不是一个错误的选择。任何一个达不到这些标准的集团将会被立即取消资格。

在所有的群体通过委员会的先期检查后，他们将会以邮件的方式起草一个任务宣言。在选择参与协商者之前，委员会将给社区的每位成员寄送这个任务宣言（社区是指那些被随机选择出的"陪审员"所在的社区），并且告知他们即将召开协商会议。在寄件中，每个公民都被告知这样的信息，即委员会已经分配了规定数量的金钱给邮件附件中列出的各个利益集团。告知他们这些利益集团已经同意仅仅使用公共资金，但是如果他们感觉到他们的金钱在一个更大的集团下能够更好地使用，则允许他们把其资金转移给名单上所列的另一个非营利集团。告知他们协商会议这一阶段分配公共资金，目的在于使相关议题具体化与明确化。这些议题将会在接下来召开的协商会议上进行讨论。基金也将资助一些有教育意义的工作，包括购买媒体时段，给予公民对其同伴施加影响的机会，这些同伴最终将在协商会议上进行决策。然后，公民将通过他或者她认为恰当的任何方式把50分分配给不同的集团和群体。① 公民将有几周的时间来完成他们的表格，并且连同宣誓书和附随的身份档案一起返还，以确保集团和群体所得的分数不是基于强制或者在小费的承诺下获得，并且也确保每一个公民

① 显然，这个建议非常类似于阿克曼（Ackerman，1993）关于的"爱国者"（Patriot）提议。当然，也并不完全相同：我并没有拒绝所有的私人金钱（公民社团可以选择退出争取公共资助）；我并不允许候选人或者政党为金钱竞争；我并没有提前规定分配多少金钱给某一项目或一次特定的选举——我将这个权力留给了拨款委员会，让它们计算出一种合理的数目，其随着在公共议程中议题的数量和重要性的变化而变化。在本文中我将不会赘述这种差异。

所判分数不多于50分。最后，委员会把可以利用的资金分配给这些集团和群体，资金分配与公众所判的分数成比例。

许多良善的公民可能把这些冗长的小册子扔进垃圾箱。但是我们只要得到一个合理的回应速度①，这些措施也许就可以确保社区中的一些实质性群体和新的公民社团有机会进入政治公共领域，因为公众经常准备着随时进入公民社会。这个分配机制并不能解决所有的议程设定问题，但是它确实扩展了可以反映其心声的群体的范围。甚至那些没有资格接受公共资助而被私人资助的公民社团，也希望迎合一些更小的但却得到了公共机构实质性资助的公民团体。此外，这种实质性的公共资助也鼓励大笔的个人资金流向小的公民社团，他们通过提供独立的广告开支而资助这些小的公民社团（尽管这种方式也许会被认为是违法的）。对于公共资金的竞争一开始就把人们带入到各种重要信息的洪流之中，这些信息可能让人们在正式协商会议召开之前就开始思考相关议题。

这个设计的一个优势就是新的小组委员会，“赞成”和“反对”两个委员会非常有效地满足了公共议程中的任何条目的诉求。自然，小组委员会内部的讨价还价（而不是协商）将会是最可能出现的形式。但这是完全恰当的，也是非协商的机制能够间接性地支持和帮助统领协商机制的例子。这些小组委员会将是来自不同的公众群体

① 聪明者在这里将会注意到，当我需要忽视我的提议中的自愿回答问题时，我对它表现出了明显的傲慢态度。但是我从未主张能够避免这样一个问题。相反，我认为发生在公共部门协商会议中的意志形成，需要没有自愿回答问题的真正代表制或者随机选择制。而在发生在公民社会及其组织和动员层面上的意见形成则不需要作出这样的保证：公民社会最显著、最适合的一个描述就是自愿主义者的领地。菲什金的协商民意测验能够证明，作为自愿回答的标准不需要比广播谈话节目和市政大厅会议更为严格，这两种公民社会和意见形成的场所都不必定（仅仅是希望的）产生政治影响。

(Young 1990)；因此，他们不需要成为特定群体的代表，也不需要受到特定群体的保护，因为无论如何，小组委员会总会将少数派的主张吸入其中，以形成他们自身的联盟。并且，既然小组委员会的争论最终将服从的是525名随机选择的代表有思想性的深思熟虑，那么他们需要做的就是进行强有力的论证，而不是像我们当前体制中的利益集团那样，总是试图通过对选举的捐助而获取更多的利益。

回顾：另外一个议程设定问题

在论述完如何把一个问题交给协商会议裁决之后，接下来需要讨论的是具体的议程设定问题。是否不存在这样一种方式，它可以让公民能够有更好的机会设定公共议程上的议题？当然，只有那些花费大笔资金可以取得公民联合签名的人，才有机会发动一个公民创制(Broder，2000)。

大致的说，我试图论证的一种公共基金分配程序同上面在这一程序的早期阶段相类似，这一公民创制程序允许利益集团持续性地使用公共开支。但是对制度的这一修正①将使其花费更加高昂②，甚至使之比现在更加不切实际。而且，因为有来自不同方面和基于不同原因的连续请求，这一程序将会因太缺乏纪律而不能服务于它试图达到的目的。

也许还有另外一种表达问题的方式，就是通过鼓励大选中的候选

---

① 即在公共基金分配程序上，也允许利益集团持续性地使用公共开支。——译者注

② 很难预测公众将要花费多少，主要是因为没有一种方式能够预见它的机构大众化到多大程度和人们多长时间想要召集它一次。然而，为那些不会浪费钱的任何一个利益集团提供持续的公共基金显然将是花费巨大的。

人设定议程，这些议程针对的乃是这样一些议题，即他们希望哪些议题在未来的公众部门的协商会议上能够被提出。既然正如我在第四章所描绘的那样，在绝对多数的情况下，立法机关可以将特定议题送交给公众部门裁决，那么，也可以根据候选人在进入新部门之前的实际设想而对其进行评估。当然，选举活动中的这样一种结构性变化对候选人来说并不具有强制性。

但是经验证明，无论如何，在一种直接的协商民主环境下，候选人倾向于以这种方式进行活动。候选人注意到，让投票者直接决定议题的政纲将能够推进他们的竞选活动——“现在加利福尼亚的州长候选人在州长选举活动中发起他们自己的创制成了一种常规。”（Magleby，1995，29，引自 Pete Wilson，Jerry Brown，George Deukmejian，Diane Feinstein，John Van de Kamp）[①] 而且，在 1992 年，科罗拉多州和密歇根州的州长都使用了相似的策略（29，引自 Roy Romer and John Engler）。通过我们所设想的政治公共领域的结构性变革，我们希望这些行为能够经常化。这将帮助投票者更加直接地设定公共议程，尽管是通过其代表来进行。

同时，通过更为广泛地利用当前公民投票实践，“议题积极分子们已经认识到，只要将议题创制和选举联系在一起，无论选举的结果如何，他们的议题都会引起广泛的媒体注意”（28）。因此，这项提议的一个潜在的结果就是，它不再需要这样一个绝对多数，其目的在

① 我应该注意到麦格勒比（Magleby）并没有发现这一值得赞扬的现象。相反，他认为这种策略“不仅使立法人员从他们的立法工作中转移出来，而且鼓励立法人员干涉议题和‘让投票者决定’（let the voters decide）的原则”（1995，29）。对此，我谦恭地表示异议。但是如果他知道我想如何改变立法提案（initiative）制度和全民公决（referendum）制度，也许麦格勒比将更倾向于赞同我对他的作品的信任。

于劝阻潜在的失败者不要再浪费精力和（公共）金钱。既然议题显著的特征是其自身的正确与否，许多议题积极分子也不再在乎他们的措施是否能通过协商的审查。一旦他们得到媒体的关注，并且提升了他们议题的敏感度，在最后的分析中，群体也许会诉诸较少协商性（以及更少民主性）的机构去推进他们的议程。并且，如果群体仅仅是在公众部门的协商会议之外进行博弈，他们将不再服务于其意志形成的目的。如果工具理性控制了公众部门，那么它弥补合法性缺失的贡献将会受到削弱。

但是，真是如此吗？如果它们“仅仅”是以一种使自身得以彰显的方式而存在，它就没有重要的服务对象了吗？从投票者到协商者的权力转型将会对大众媒体报道个人的方式产生实质性的影响。从总体上看，我提议的改革建议仍旧能够潜在地使选民商品化：利益集团仍旧在盘算他们需要在媒体上花费多少钱，从而可以使他们的信息渗入到那些潜在的陪审员的潜意识之中。然而，在一个拥有公众部门的政体中，这种集体的“生产方式”经历了一种变革。就像约翰·斯图亚特·密尔敏锐地指出的那样，秘密选举是一种践行私人利益的必要条件。不过，公共协商能够改变对利益和责任的认知，并且能够相应地治愈因秘密投票而产生出来的一些毛病。大众传播媒介，如果它的目标在于塑造公共意志，就需要对自身进行变革，以更好地适应新的决策程序。既然基于无知的投票不再能够赢得选举，那么媒体就不再有兴趣运用技术手段来操纵选民以规避有思想见解和更详细的信息。自然，关于大众媒体将会如何变革最终是一个实践问题，我们只能通过进行一定的冒险和对公众领域进行结构性变革，来对这一问题进行回答。

结论：或仅仅是起点

既然杰拉尔德·罗森伯格（Gerald Rosenberg，1991）认为，从总体上看，法院并非一个可以促成社会变革的有效机构，政治理论家就必须超越司法能动主义而去寻找另外有希望的改革和发展路线。甚至在司法能动主义的不足这一经验性事实被认识之前（Rakin，1989），反对能动主义的规范性观点——把它看作是反民主的和反多数原则主义的（Bickle，1962）——就有其影响力。

我在这里提出的改革模式也许是不成熟的。但是公民社会和公众协商的相互作用为民主变革提供了另外一种可能性。我们应该像那些良善的麦迪逊主义者（Madisonian）所希望的那样，让法院和选举的代表各得其位，以确保多数处于控制之中。但是，将公众部门整合进我们的制度框架中，使得我们更加接近于亚维塞·马各利特（Avishai Margalit，1996）所说的文明社会。与那种试图通过艰辛的努力从而使我们的制度免受那些可耻的人的控制（这是马各利特所说的文明社会的先决条件）不同，通过民主社会中面对面地相互接触与讨论，我们实际上能够期待更好的结果。我们未能做到这一点，也许暗示着我们应该有更高的目标（就像射手一样），虽然我们只是想满足较低的要求。如果我们去实践，同时采纳我在此书中提出的一系列主张，也许能够对新共和主义者（像 Sandle；参见 Sandle，1996）有所裨益，他们致力于拯救“民主抗议者”，在此我们提出了一个清晰的、建立在公众真实意图表达基础之上的美国程序。

但是这种改革如何能够发生？尽管我在整本书中强调，我把公众部门看作一种现实主义者的乌托邦想象（原谅我的自相矛盾），但是在一个基础层面上讲，它所提供的美国政府的未来图景确实是令人陌生的。虽然我并不认为它的实践与运用将会引起革命性的改造，但是我也并不认为它会在一夜成为现实。从草根组织致力于争取某种形式的公众决策，到职业政治家投身于这项事业之中，他们已经为这项事业积累了许多先决条件，从而为通过联邦或州的宪法修正案而创制公众部门奠定了基础。

鉴于我们的社会对于成文宪法（尤其是联邦宪法）的盲目崇拜，如果没有相应的宪法修正条款，对美国政府的任何一项主要改革都不可能被完全制度化。本书为公众部门提供了可能的结构，而使这一部门具有合宪性将是立法者的工作。但是这项任务并非此刻就需完成，在以下的几年中，更为重要的是开始启动动员程序，以使在较低级别的政府层次上，大众决策具有有效性。大众最终将会认为，使其决策权力宪法化是适宜的，在将其宪法化之前，公众部门必须成为我们基本认同的有机组成部分。

确立一致性的最确切方式乃是首先说服政治家，使他们在其区域之内认可某种形式的公众决策。让我叙述一个政治家如何对菲什金的协商民意调查发生兴趣的例子：在 2002 年 3 月纽黑文的协商民意调查（在第六章予以了叙述）之后，活动的组织者为前来参加协商民意调查的参与者提供了一个特殊的机会，鼓励参与者（用一个小小的酬劳）同他们的市长讨论民意调查议程上的问题。在随后的市政大厅会议上，随机选择的协商者群体能够同当地的政治家分享他们新颖的、见多识广的观点。需要注意的是，在这一创制的第二阶段，这些被召集来同当地政治家进行谈话的群体，也正是他们自己城镇的成员；而在第一阶段的协商中，这些群体是来自于地理上不同的区域的。最后，纽黑文市市长对后者印象非常深刻，（尤其是他们的能力和激情）——这些都是在他管辖之内但他却从未见过的成员——以至于最后他叫来纽黑文民意调查的组织者，看他们是否能够定期的把这些成员组织起来（一年一次），并且他将为这一创制提供经济支持。另外一次关于照顾学前儿童的民意调查 2003 年 6 月也在纽黑文市举行，并且市长亲自参与。

这个例子只是显示，地方政治家在寻求满足选民需要的过程中，仍需要充分发掘公众的潜力，通过使更多的公众卷入到决策之中，这些潜力将会得到释放与发挥。最终，通过帮助组织和动员他们自己的辖区建立公众论坛，他们为公众部门的创立奠定了基础。不幸的是，这一提模式仅仅具有自愿性；没有人能说服一个市长或者一个区域的其他人员，使他们能够同意通过强制参与的方式来解决应该是自愿回答的问题。而且，这一模式仅仅被看作是一种咨询政体，并非一个能够做出具有约束性决策的机构。市政厅的设想太具浪漫性，并且它削弱了这样一种潜在可能性，即使其发展成为一个可以更好地反映人民主权的机构。我们仍在期待一个关于创制的承诺，这种承诺表示：将会给予公众更多的机会以表达其心声，并且认为，这项事业之所以进展缓慢，在很大程度上是因为它依赖于代表制——代表制乃是对自愿主义的否决，虽然自愿主义将使美国的治理对于诸多人而言更有吸引力。而且，很难希望政治家们——他们经常认为自己没有足够的权力——把其权力还给人们。不过，那些鼓励如此做的人将会帮助国家重返一条通往更伟大的人民主权之路，如果我们愿意的话。

纽黑文民意调查的事例说明，政治家们具有推动公众部门创立的潜在可能性，也表明了在政治公共领域的结构性变革中，民间积极分子可以扮演重要的角色。非常简单，如果没有公民社会中相关积极分子组织化的努力，这一事件将永远不可能发生。执行委员会汇集了一系列信息和管理方面的资源，其中包括学术的、政治的、机构的和私营企业的；而且，通过纽黑文记事报对事件的报道，将会使本地区的公民对于他们可以利用的各种决策形式有一个清楚的认识。在纽黑文市民意调查之后，人们将会再次询问用来决策的决策程序。读者必须注意到一种异常：在协商之前和之后，纽黑文民意调查的参与者都想扩展他们的地方机场。甚至在听到环境代价和这些居住在当前的小机场附近的公民所要付出的代价后，大纽黑文地区的公民都选择扩建。为什么没有人在这方面做出努力？

一旦传统的决策程序把问题公开，大众将会为了更为大众化的决策而被动员起来；公众部门也能够被组织起来，成为美国体制的一部分，其力量如此强大，总有一天它将会被载入美国宪法。然而不幸的是，在大多数协商民意调查中，参与的优先性、教育、接近政治决策者的途径以及事先的约定等抑制了这项工程的真正潜力：我们不应该仅仅成为民意调查的人群，而是要求参与决策，要求自身成为决策者。

创制者和民间动员，乃是公众部门宪法化的两个前提条件，与道夫和萨本尔（Drof and Sabel，1998）所谓的“民主试验论”相似。他们强调通过协商的方式使地方决策分散化。在民主的试验论第一个例子中，准政府组织用地方上的智慧去解决地方上的问题，利用不同的机构确保参与和协商。但是在第二个例子中，协作和信息汇集变成了国家政府的一种优先权，它试图帮助社区和地方从对其他相似难题的解决之道中获益。

这一模型乃是科恩和萨贝尔（Cohen and Sabel，1997）关于“直接协商的多元政治”理念的一个产物，它是深富启发且吸引人的：参与、协商、责任是所有协商民主主义者的渴望。通过展示民主的试验论如何最终符合对美国宪法的解释，道夫和萨贝尔（Dorf and Sabel，1998）又进一步发展了这一思想。这种存在于地方和国家之间的相互作用，能表现出与我们体制原则相符合的一致性——尤其是那些已经发展成为行政独大的国家——乃是展示这些效忠于宪法的原则在服务于人民主权的过程中，是如何值得进行改革的重要一步。但是我们不能欺骗自己：为了开展使公众决策体制化所必需的机构重置，我们需要修改宪法。

自然，我们的宪法事实上支持道夫和萨贝尔（Dorf and Sabel，1998）所谓的试验论。它将真正地促进协商和咨询的进一步发展，并且向市长推荐将其使用在政策制定领域。它号召一些社会运动，以此推动公众进入政策制定过程。毫无疑问，宪法当然并不禁止公众决策。本书认为，我们应该自己做出决策，宪法反映的是我们自己的要求。公众协商应该由公众自己进行协商，并且为其结果负责。

译后记

伊森·里布在本书中提出了一种实践协商民主的制度构想。他建议通过随机挑选的公民陪审团组建政府的第四部门——公众部门来制定法律，并使用了大量篇幅探讨了如何将他的公众部门嵌入美国现有的三权分立的体制中。他认为，这种承担协商民主的公众部门比目前通行的创制和复决更能实现直接民主，更能弥补大众民主遭遇的合法性缺失。

美国人更多关注伊森·里布改革美国宪政体制的设想之大胆和讨论协商民主问题的细致和具体。对中国读者来说，阅读本书有助于加深对协商民主和美国民主体制的双重理解。伊森·里布讨论协商民主的理论前提是人民主权理论，他认为协商民主的中心原则是“必须通过协商的程序进行集体决策”，发展协商民主的目的是弥补现行的大众民主存在的合法性缺失。伊森·里布在本书中从发展协商民主的必要性的角度，对美国式民主的优点和弱点进行了十分细致的分析，他的分析使美国式民主的好处和坏处在读者面前一目了然，也使得只要稍有一些专业素养的读者很容易就能明白美国民主制度改革的方向应该是什么，美国民主制度中哪些东西是好的，要继续发扬，哪些东西是不好的，需要革除。作者在分析美国民主制度的时候使用了一面镜子，这面镜子就是政治合法性。政治体制的合法性（人民对政治体制的认可和支持）不是一成不变的，也不是一劳永逸的东西，它需要政党和政府特别加以呵护。在西方如此，在东方亦如此。

对中国读者来说，阅读本书还会引发另外一个重要的问题：我们的国家是否需要协商民主？当下中国不少被冠以“协商民主”的政治行为如政治协商、政治对话是不是真正意义上的协商民主？其实这个问题可以用一个反问来回答：我们的国家是否存在合法性缺失？上述那些政治行为是否有助于弥补我们的合法性缺失？译者在此要提醒大家的是，单纯讨论此“协商民主”是不是彼“协商民主”，更多的只有语义学上的意义，我们更需要的是种种能够让我们的政治体制合法性不断增长的解决方案。

本书译稿是集体合作的成果，具体分工如下：朱昔群译导语、结论、第七章，李定文译第一章、第二章、第三章，余艳红译第四章、第五章和第六章，最后由朱昔群修改统稿。在此特别感谢柴宝勇博士，他在本书翻译初期作出了很大的贡献，在本书最后定稿前，他又通读了全部译稿并提出了宝贵的修改意见。这本译作能够顺利出版，还得感谢丛书执行主编陈家刚先生和中央编译出版社编辑贾宇琰女士，没有他们的卓越工作，就没有本书的中文版。

朱昔群
2008 年 7 月 3 日

中央编译出版社政治与公共行政类书目

协商民主译丛

书　名	作者	定价
公共协商：多元主义、复杂性与民主	［美］詹姆斯·博曼	38.00 元
作为公共协商的民主：新的视角	［南非］毛里西奥·帕瑟林·登特里维斯	38.00 元
协商民主及其超越：自由与批判的视角	［澳大利亚］约翰·S. 德雷泽克	35.00 元
协商民主：论理性与政治	［美］詹姆斯·博曼 威廉·雷吉	45.00 元
协商民主：挑战与反思	［美］约·埃尔斯特	38.00 元
协商民主论争	［美］詹姆斯·S. 菲什金 ［英］彼得·拉斯莱特	38.00 元
民主与差异：挑战政治的边界	［美］塞拉·本哈比	45.00 元
美国民主的未来：一个设立公众部门的方案	［美］伊森·里布	35.00 元

中国民主治理丛书

书　名	作者	定价
依法治国与依法治党	俞可平	38.00 元
党内民主制度创新——一个基层党委班子“公推直选”的案例研究	王长江	40.00 元
城乡公民参与和政治合法性	何增科	55.00 元
公民社会与民主治理	何增科	38.00 元

政治学类

书　名	作者	定价
社会主义体制——共产主义政治经济学	［匈牙利］雅诺什·科尔奈	68.00 元

民主的模式（新）	［美］赫尔德　燕继荣	26.90 元
当代中国社会政治分析	张明军等	55.00 元
保守主义的含义	［英］斯克拉顿	25.00 元
自由主义基本理念	顾肃	39.00 元
政治文明：理论与实践发展分析	许耀桐　胡叔宝　胡仙芝	68.00 元
帝国——统治世界的逻辑	［德］赫尔弗里德·明克勒	29.00 元
国家与市民社会	邓正来	32.70 元
国家起源新论	刘军	38.00 元
新自由主义意识形态	张才国	36.00 元
台湾政治转型与分离倾向	赵勇	38.00 元
民主社会主义论	殷叙彝	68.00 元
奔向自由	俄罗斯戈尔巴乔夫基金会	46.00 元
中国国际政治经济学	郑彪	60.00 元
中国社会阶层政治心态研究	孙永芬	35.00 元
庶民研究	刘健芝、许兆麟选编	29.80 元

政党政治研究类

书　名	作者	定价
中国政党制度年鉴（2006）	中央社会主义学院政党制度研究中心	260.00 元
中国政党政治研究（1905—1949）	李金河	55.00 元
中国政治体制改革研究	何增科	46.00 元
台湾政治转型与分离倾向	赵勇	38.00 元
责任政党政府研究	姚尚建	38.00 元
坚持走中国特色社会主义政治发展道路研究	北京社会主义学院	38.00 元
社会主义的理论创新与实践探索——中国国际共运史学会年会论文集	张兴茂	55.00 元

中国转型期的政治治理若干问题与趋势	沈远新	32.00 元
自我耗竭式演进——政党—国家体制的模型与演进	［匈牙利］玛利亚·乔蒂纳	55.00 元
全球化与欧洲社会民主党的转型	史志钦	38.00 元
战后西欧社会党与共产党比较研究——以法、意为个案	韩灵	20.00 元
人民政协概论	张平天	40.00 元
党的领导民主监督	刘书林　王群瑛	49.00 元
当代俄罗斯政党	刘淑春	60.00 元
意共的转型与意大利政治变革	史志钦	28.00 元
统一战线新论	李小宁	42.00 元
民主党派和无党派人士关注的 20 个理论问题	李金河　郑宪	20.00 元

公共行政学类

书　　名	作者	定价
英国经验的中国启示：广东省高级公务员公共管理研究论文集（1）	刘玉浦主编	28.80 元
公共管理与社会发展：广东省高级公务员公共管理研究论文集（2）	刘玉浦主编	32.80 元
公共管理与和谐社会：广东省高级公务员公共管理研究论文集（3）	刘玉浦主编	30.00 元
公共管理与制度创新：广东省高级公务员公共管理研究论文集（4）	刘玉浦主编	36.00 元
公共管理与创新型国家：广东省高级公务员公共管理研究论文集（5）	刘玉浦主编	38.00 元
公共管理与区域发展：广东省高级公务员公共管理研究论文集（6）	胡泽君主编	35.00 元

公共管理与治理转型：广东省高级公务员公共管理研究论文集（7）	胡泽君主编	36.00元
管理创新与政策选择：广东省高级公务员公共管理研究论文集（8）	胡泽君主编	36.00元
公共管理与社会服务：广东省高级公务员公共管理研究论文集（9）	胡泽君主编	36.00元
我国政府转型中的公共服务	刘厚金	29.00元
转型社会与大都市治理	郑德涛　余耀胜	49.00元
公司应对商业贿赂指南	张文镝　何增科	58.00元
社会资本与中国农村治理改革	周红云	28.00元
从理念到程序——我眼中的美国大选	刘亚伟主编	30.00元
从多元到和谐——和谐社会的构建	韩雪选编	30.00元
从减负到发展——中国三农问题剖析	叶子选编	30.00元
从管理到治理——中国地方治理现状	尹东华选编	30.00元
中大政治学评论第3辑	谭安奎	49.80元
西部经济跨越式发展社会环境研究	尹庆双	38.00元
现代公共政策学——公共政策的整体透视	胡宁生	45.00元
动态环境下的治安防范与控制——以广州为分析典型	舒扬　彭澎	36.00元
转型期中国改革与社会公正	陈伯君	45.00元
激活和谐社会的细胞——“盐田模式”制度研究	侯伊莎	38.00元
区域经济的制度分析	蒋年云	38.00元
公民社会与治理转型——发展中国家的视角	刘明珍	25.00元
公共行政的价值向度	张富	26.00元
行政机关公务员处分条例——条文释义	屈万祥	28.00元

西部跨越式发展中政府与市场关系新论	申晓梅　任勤	35.00 元
民政工作创新与和谐社区建设实务全书	王基健	390.00 元
管理与会计监督实务全书	丁中一	498.00 元
国土资源管理与执法监督实务全书	王基建	398.00 元
香港立法机关研究（修订版）	朱世海	28.00 元

图书在版编目(CIP)数据

美国民主的未来:一个设立公众部门的方案/(美)里布著;朱昔群,李定文,余艳红译.
—北京:中央编译出版社,2009.4
(协商民主译丛)
ISBN 978-7-80211-908-6
Ⅰ.美...
Ⅱ.①里...②朱...③李...④余...
Ⅲ.民主-研究-美国
Ⅳ.D771.209
中国版本图书馆 CIP 数据核字(2009)第 040208 号

美国民主的未来:一个设立公众部门的方案

出 版 人 和 龑
责任编辑 贾宇琰
责任印制 尹 珺
出版发行 中央编译出版社
地 址 北京西单西斜街 36 号(100032)
电 话 (010)66509236 66509360(总编室) (010)66509350(编辑室)
(010)66509364(发行部) (010)66509618(读者服务部)
网 址 www.cctpbook.com
经 销 全国新华书店
印 刷 北京瑞哲印刷厂
开 本 787×960 毫米 1/16
字 数 135 千字
印 张 12.25
版 次 2009 年 4 月第 1 版第 1 次印刷
定 价 35.00 元

本社常年法律顾问:北京大成律师事务所首席顾问律师 鲁哈达
凡有印装质量问题,本社负责调换。电话:(010)66509618